伝説のゴッドファーザー
勝新太郎語録

LEGENDARY GODFATHER

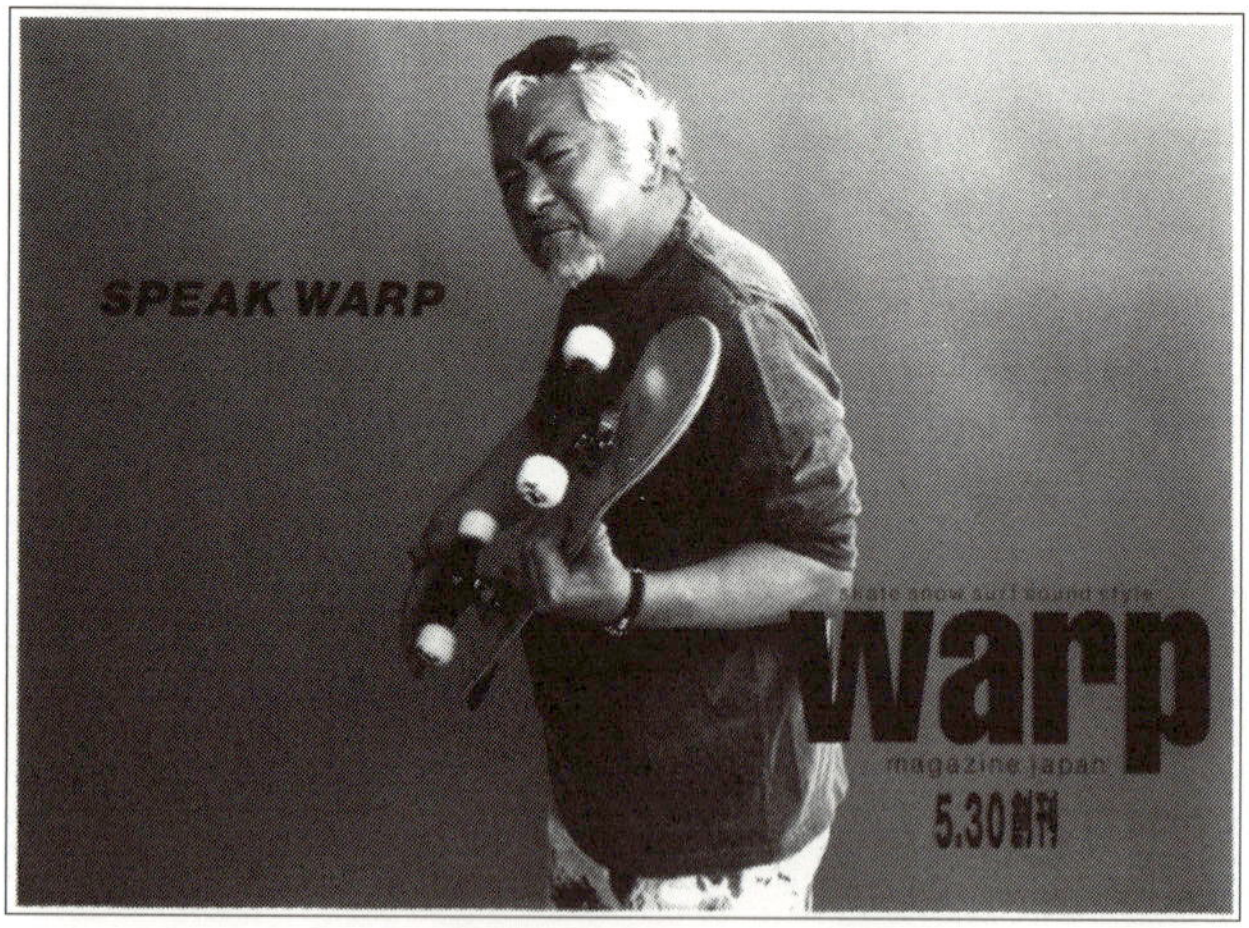

COVER STORY

本書のカバーに使用されているのは 1996 年、『Warp MAGAZINE JAPAN』の創刊にあたり宣伝用ポスターとして撮影された写真のアザーカット。アートディレクターに秋山具義氏、フォトグラファーにホンマタカシ氏を迎え、約 1 時間のフォトセッションが行われた。当時の模様を秋山氏はこう振り返る。

「勝さんが穿いていた自前の白いデニムパンツにはペイントが施されていて、「これはバルテュス（二十世紀最後の巨匠と評されたフランスの画家）がペイントしてプレゼントしてくれたんだけど、（中村）玉緒が洗濯機で洗っちゃってさぁ……」と、笑いながら話していたのを覚えています。撮影前にスタジオでホンマさんの肩を抱いて、「今日は俺と遊ぼうぜ！」と言っていた姿は本当にカッコよかったですよ」（秋山具義）

けっして大物ぶらず、クリエイターと同じ目線に立って最高のものを創り上げる。それが多くの人を虜にした、勝新太郎の魅力なのである。

INTRODUCTION

「座んなさい」

あの朝吉親分（※）の口から放たれた第一声だった。

「あの……、勝新太郎さんが会いたいって言ってるんですが、いまから勝プロに来られますか？」

俺がソロになったときのレコード会社のディレクターからだった。

「えっ！　あの勝新が？」

「はい！　六本木の勝プロにいますぐ……！」

「わかった！」

と、教えられた六本木の勝プロへ向かった。

※朝吉親分…映画『悪名』で主演の勝新太郎が演じた役名

部屋に通されると、ディレクターは次の仕事のため出かけたあとで、ソファーにデンと腰をおろして座っている朝吉親分が……。

「こんにちは……」

「うん、座んなさい……」

と、なるわけです。


俺はガキの頃から『悪名』が好きだった。中二のとき、貯めていたこづかいをはたいてド派手な黄色いスイングトップを買い、得意げな顔で家に帰ると、「そんなチンピラみたいなの着やがって!」と、呆れた顔をした父親に怒られた。だが俺の頭の中はモートルの貞で、そんな言葉も右から左だった。

そんなやつだった俺の目の前にいま、朝吉親分……勝新太郎が。その突然の出会いから毎晩のように飲み歩くことになるのだ。


朱に交われば赤くなる。

INTRODUCTION

「ピピ、お前好きな数字はなんだ?」

「俺は2ですかねぇ!? 1(番)はいつも一生懸命で疲れそうだし、そんな1番が疲れて休んだとき、2番がス~ッと自分の存在を示すみたいな! 存在感がある脇役のような。で、オヤジは?」

当然、1番と答えるだろうと思っていたら、

「俺は0(ゼロ)だよ。つまり無だ。若いときは1番になりたいとかあっただろうけど、それはいつも数字を追いかけているということだろう? そうすると、いつも数字に追いかけられる。自分を見失うからやめたんだよ」

そんなオヤジは、芝居のことになると夢中になる。いい映像を撮るために……と。

『警視-K』第3話「自白への道」で、犯人役の男は芝居の経験がまったくなく、ある会社社長の息子でつき人としてついていた。その犯人役の男が最後に、自分が殺した女を埋めた場所を教えるという設定で、ロケ地の丹沢山の山あ

いで撮影をすることになった。

いつも遅れてくるオヤジが、どういうわけかまだスタッフが準備をしている最中にやってきた。そして、犯人役の男が時間どおりにやってくるや否や、

「誰を待たせているんだ、馬鹿野郎！」

と、平手打ち！

張り詰めた空気の中、

「時間がないんだ！　やるぞ！」

犯人役の男を見ると、みんなの前で怒鳴られ平手打ちをくらって、顔は青ざめ小刻みに震えてオドオド。

「よーい、スタート！」

「で、どのへんに埋めたんだ？」

青白い顔で、小刻みに震えながら、

「こ、こ、ここです」

と、言って泣き崩れる。

INTRODUCTION

「はい、カット！」

後日、撮り終えたフィルムを見るラッシュのとき、

「おいピピ、ちょっと横にこいよ！」

「……！」

「いい表情しているだろう？」

「えっ！　まさかあのとき……！」

「芝居をつけると臭くなる。死体を掘り起こされる怖さが出ているだろう？」

なんて人だ！　だからいつもより早くロケ地に入ったんだ！


毎晩のように飲み歩いている頃、銀座のクラブでも高級寿司店でも、席に着くや否やオヤジがいきなり芝居を仕掛けてくる。銀座のクラブでは、入店するとママさんやホステスさんたちが、「わぁ〜、勝さ〜ん！」といっせいに駆け寄ってくる。

そのまま案内され、ママさんやホステスさんたちに囲まれながら機嫌よく

席に着く。

しかし、俺が座った途端、テーブルを叩いて、

「馬鹿野郎！　なんでお前はわからないんだよ！　いいかい、みんながみんな勝新太郎のことを好きなわけじゃないんだよ！　中には勝新太郎がなんぼのもんだよ、ってのもいるじゃないか！　そういう人がいると、お前はなんですぐに向かって行こうとするんだ！　ったく！」

「すいません！　でも、こっちからふっかけたわけじゃないから……」

「馬鹿っ！　まだわからないのか⁉　俺たちはやらなきゃならないことをやって、本当にいいものを作れば、そういう人たちも認めてくれるんだよ！」

テーブルを囲んで、俺とオヤジのやり取りに誰ひとりとして口出しすることはできず、生唾を飲んで固まっている。すると、若干間（魔）をおいて、

「なぁ、ピピ！　こんな状況になったときは、まわりにいる人間っていうのはこんな風になるんだよ」

と、ここでママさんやホステスさんたちがため息とともに安堵の表情を浮

INTRODUCTION

かべて、

「なんなの〜っ！　もう！　お芝居だったの？　あ〜、びっくりした〜っ！」

　こんなことを、やらかしてはふたりでほくそ笑んでいた。

　高級寿司店でも、

「あ！　勝さん。いらっしゃいませ。どうぞ」

　カウンターに座ると、

「今日はなにか、いいのが入ってんのかい？」

「はい！　鮪のいいのが入りました。握りますか？」

　出された鮪の握りを手で摘みしばらく上から下から横から眺める。それを、なにか不味いのを出しちゃったのかなぁ？　と不安気な顔で見つめている板前さん。

「なんだ、お前さんのところじゃ、こんなもの出すのかい？」

　言われた板前さんはなにも言えないまま固まっている。

「なぁ、ピピ！　人間本当に驚いたときはこんな風になるものなんだよ」

そんなある日、俺がソロになってから設立した個人事務所で使途不明金が500万円ほど見つかった。その裏切り行為が許せなくて事務所を閉め、くさっていたとき、テレビに釘づけになった。

そこには、あのオヤジが神妙な顔で頭を下げ、勝プロについての記者会見の様子が映し出されていた。ソファーに寝っ転がっていた俺は飛び起きると同時に受話器を握り、勝プロに電話をしていた。

「いま、バタバタしているから明日以降に……」

と、いうことで、翌日の昼過ぎに勝プロへ行き、オヤジの部屋に入ると、テレビ画面からドアのほうに目を向けたと同時に満面の笑みを浮かべ、

「おう、ピピ！　どうしてる？　メシ行こうか」

と、なにごともなかったようにいつものオヤジが……！

「それどころじゃないじゃない！　どうするの？」

INTRODUCTION

「どうする？　ってお前ねぇ、お前と毎晩飲み歩いていただろ。それも全部入っているんだよ」

……そりゃそうだ！

「で、お前はどうしているんだい？」

「オヤジの額とじゃあ、くらべものにならないけど、500万円使い込まれて事務所閉めちゃったよ」

「そりゃ大変じゃないか！」

と、言いおわる前に受話器を取って、俺のために金を工面しようとする。

「やめてくれよオヤジ！　そんなのなんとかなるから！」

と、いいながら受話器を奪い取り電話を切った。

自分が大変なときでも俺のために……。胸が熱くなって涙が込み上げてくるのを必死で堪えた。

「それくらいのことだったらいつでも言ってこいよ！　表にはまだ記者やなんかがいるだろう？」

「うん、まだいっぱいいいたよ」
「まぁ、1週間もすりゃ落ち着くだろうからメシ行こう」
勝プロをあとに、思い出深い六本木の街を歩きながら、オヤジが俺を思ってくれる気持ちにどうしようもなく、泣けて泣けて仕方がなかった。オヤジ、俺の人生であんたに出会えたことを神に感謝するよ！

そんなオヤジに接した人たちは、誰もがオヤジを好きになる。そういう俺も勝新太郎の、いや、奥村利夫という人間の大きさに取り憑かれたひとりである。オヤジの訃報を耳にしたとき、2ヶ月近くは外に出る気になれず、魂さえ抜け、動くことすらできず、世捨て人のようになり、どう過ごしていたのかも思い出せない。だって、そうだろ！　オヤジ、俺はあんたの死など考えたこともなかったんだから……。

男にはこの世に送り出してくれた親父と社会に出たときに出会うオヤジが

いる。ただ、これだけは言えるよ。オヤジ、たとえあんたが町の居酒屋の大将だったとしても、俺はあんたと仲よくなり、あんたについて行っただろう。

もうどれくらいになるだろうか。月命日には必ず墓に行くことが、俺の習慣のようになった。でも、あるとき気づいたんだよ！　人生の指針を失ったときは、「これでいいんだよね？　オヤジ！」と、自分を確かめに行っていると。

オヤジ、あんたは俺にとって最強の人たらしだ！　俺がそっちへ行ったら、また遊んで下さい。

本当にありがとう……オヤジ。

平成29年10月吉日　水口晴幸

CONTENTS

Chapter 1

Chapter 3

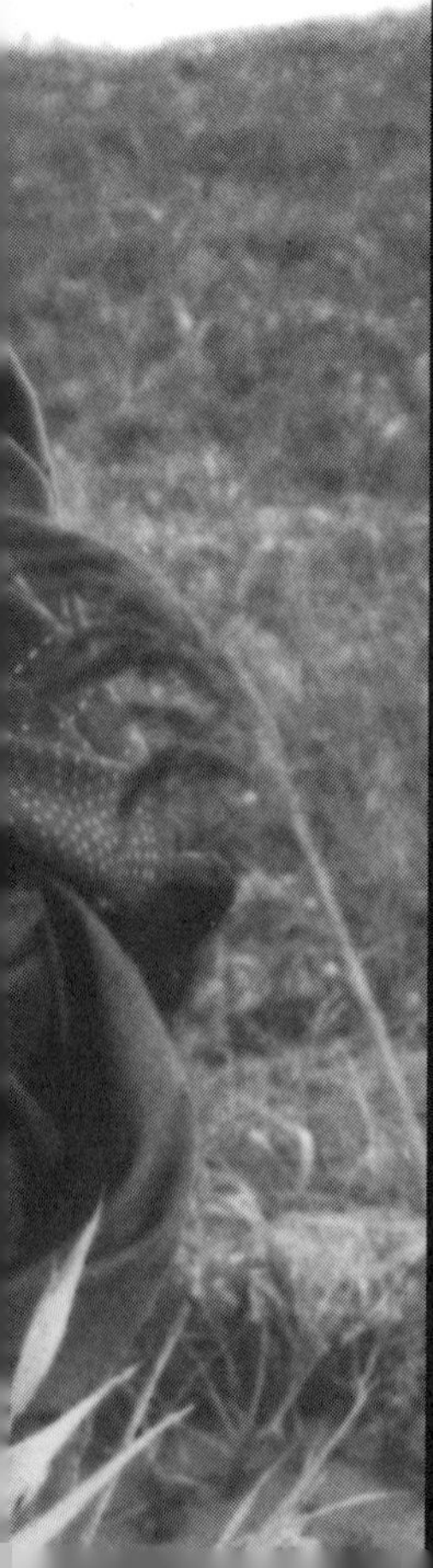

芸

長唄の師匠の家に生まれ、幼い頃から芸事の世界で磨かれた勝新の芸。三味線の腕前はもちろん、『座頭市』などで見せた殺陣、個性爆発の歌や座持ち抜群の話芸など、どれもが超一流であった。語録からひも解く、芸の神髄とは。

おい、あれが
運び屋か?

Whatcha think, is she running drugs?

オヤジと初めて会った日に、「新宿にスタッフルームがあるから、そこでフィルムテストをしよう」と、いうことになって、オヤジが運転するジャガーで移動することになった。それで西麻布の交差点あたりで信号待ちをしていたら、白っぽいスーツの女性を指して、突然、こう言うんだ。

「あの女か？」

何分か前に会ったばかりなのに、なんだこの人は？　と俺からしたらすごく不思議なわけ。当然、俺の返しは、

「えっ？　なんですか？」

「おい、あれが運び屋か？」

って言うから、ははぁ、これは刑事ドラマのシチュエーションに入っているんだなと、気づいた。俺もそういうの嫌いじゃないから、

「実はですね……」

と、オヤジに調子をあわせて遊んだわけだよ。そんな即興のやりとりを新宿に着くまでやっていたら、

おい、あれが運び屋か？

「お前、面白いな。あのな、俺はいままで映画で演じたり、撮ったりしてきたからいろいろな人に会ってきた。でもな、初めて会って、こういうシチュエーションで遊べるやつは誰もいなかった。お前となら絶対に面白いものを作れるから」

と、褒められた。それでスタッフルームに着いてフィルムテストをスタートした。ゴム製の動物のマスクを被らされて、

「お前さ、これ被ってみんながいる部屋の中に入ってこいよ」

それで、ちょこっと覗いてから部屋に入って、見まわして、おもむろにマスクをとってニコッとしたら、

「いいぞ、面白い。できる、できる」って。

次は外に出て、2階からカメラをまわして、殴り合いのシーンを撮ることになった。そのときにこんなことを教わったんだ。

「あのな、映画でリアリティを求めて本気で殴ったりしているけど、あれは違うよ。殴られているほうが痛いだけで、見ているほうには伝わっていないんだ。

だから芝居というのがあるんだ。少しオーバー気味に、あえてぶつかっていくようにしたほうが本当に殴られているように見える。見ている人に感情移入させるんだ。そこで芝居がうまいか、へたかにわかれるよ」

確かにそうなんだよね。俺は高校1年から空手をやっているからわかるんだけど、本当にボコボコにしても伝わっていないし、映像としてもつまらない。当てられたときにバーンと飛んだほうが伝わるんだな。あと「普段歩いているスピードでカメラを横切ったりすると、少し早足に見えるんだ。だから普段より少しゆっくりと歩く意識を持つといい」と、いうことも教えてくれた。

俺はクールスをやっていたときに松田優作さん主演の『暴力教室』に出演したことがあったけど、そんなことは誰も教えてくれなかった。あの映画はとりあえず暴れているだけだったしね。

オヤジと出会って、芝居とはなにかを初めて教わったんだ。

想像というのは
誰にも
止められないんだ

No one can get in the way of imagination.

『座頭市』を観ていると、ラストの夕陽に向かって去っていく姿が奥村利夫（勝新太郎の本名）と重なってさ。オヤジも本当は孤独だったんだろうな、という想いがいつも沸き起こって涙が出そうになるんだよ。でも孤独というのは想像力を養ってくれるんだ。

例えばレストランにポツンとひとりでいたりすると、まわりからは寂しそうに見えるけど、頭の中では自分のやりたいことの想像がどんどん膨らんでいて全然寂しさはないんだよ。オヤジはよく言っていたのは

「時間があるということは素晴らしい。想像というのは誰にも止められないんだ」

「話している相手は俺が真面目なことを考えているだろうと思っているけど、こっちはあの姉ちゃんのケツがいいなとか、まったく関係ないことを想像できるだろう？　そういった想像は警察にも絶対に取り締まることはできないんだ」と。

ステイーヴィー・ワンダーは手に目があるんだ

Stevie Wonder sees with his hands.

座頭市は目が見えないから音や空気の流れで反応するけど、あるときオヤジにこんな話をしたことがあった。

「俺のおばさんが病気で目が見えなくなって、按摩《あんま》さんをやっていたんだ。小さい頃にそのおばさんのところへ遊びに行ったときに、すごく不思議な体験をしたんだよ。ちょうどお客さんをとっていて、俺に背中を向けていたんだけど、俺がこたつの上にあったみかんに手を伸ばしたときに、まるで見ているかのように、『そのみかん食べていいんだよ』と言われて。目が見えないのになんでわかったんだろうと、ドキッとしたことがあったんだ」

そんな話をしたら、オヤジが『週刊プレイボーイ』でスティーヴィー・ワンダーと対談したときのことを話してくれた。ＬＡの彼のスタジオでやったらしんだけど、

「お前はいつも俺に撮影現場に遅れないようにと言うけど、それどころじゃなかったよ。スティーヴィー・ワンダーは俺を2時間も待たせたんだ」

と、言っていた（笑）。

スティーヴィー・ワンダーは手に目があるんだ

スティーヴィー・ワンダーが
「Katsu!　Sorry!」

と、入ってきて握手をしたあとに、

「待たせてしまったけど、一本だけ電話を入れていい？」

と、言ったらしい。ソファーのひじ掛け部分に埋め込まれた電話を使っていたらしいんだけど、その姿を見て固まったらしい。

「目明きっていうのは数字が見えるから数字を押すよな。でもスティーヴィー・ワンダーは手に目があるんだ。空気の揺れや指先などの感触だったり、そういう繊細な感覚を使って数字を押している。しかも目が見える人よりも早く番号を押すんだぞ。これにはまいったね、敵わない」。

そういえば息子のタケ（奥村雄大、芸名は鴈龍太郎）に聞いたんだけど、スティーヴィー・ワンダーとの対談後に家に帰ってきたら、「あいつは目が見えるぞ！」と興奮して言ってきたらしくて。

「見えるわけないじゃないですか」

「いや、絶対に見える！」

と、いうやりとりを延々としていたらしい（笑）。

しかもエアホッケーで勝負したそうだけど、なんどやっても負けたらしいからね。常人にはわからない世界だよ。

オヤジは目を閉じて階段をあがってみたり、映画を観るときでも1回目はちゃんと観る、2回目は音だけを聴く、3回目は映像だけを観る、ということをしていたらしくて。そうすればなにかが芽生えて、映画に活きるんじゃないかと考えていたんだね。

スティーヴィー・ワンダーとの出会いで感じたその感覚も、座頭市に取り入れようと思ったらしい。そういった、なんでも吸収しようという姿勢がすごいよね。だからこそあの迫真の演技を表現できるんだろうな。

嫌いなところも
好きになって
もらえたら
一番いいよな

Nothing beats making people hate to love you.

オヤジの好きな芸人に落語家の古今亭志ん生がいた。オヤジの影響で俺も落語を聴くようになったんだけど、あの人の話しぶりをはじめ、なにからなにまで好きになって。

あるとき志ん生が寄席でお辞儀をしたのはいいけど、酔っぱらっていたのでそのまま寝始めちゃった。それを弟子が起こそうとすると、客が、「寝かせといてやれ！　こんな志ん生は見れないぞ」と、その姿をクスクス笑いながら見ていたという有名な話があるけど、そういうダメところもすべて含めて愛された、まさに理想の芸人像だったんだろうね。オヤジもこんなことを言っていたな。

「嫌いなところも好きになってもらえたら一番いいよな。だから、俺もお前も自分自身を通したほうがいいんだ。俺たちのことを嫌いなやつは必ずいる、でもそれにあわせていたらダメだ」と。

どんなことがあろうとも自分を通していれば、必ず手を伸ばしてくれる人がいる、ということだね。

俺が撮りたい
雲じゃ
ないんだよ
今日は

These clouds don’t deserve to be in my film.

『警視－K』の「まぼろしのニューヨーク」という原田芳雄さんがゲストの回は、羽田空港を借りて自分が可愛がっていたお姉ちゃんがニューヨークに旅立つ、というシーンを撮る予定だったんだ。その日もオヤジと朝まで飲んでいて、

「羽田空港に8時集合だから。絶対にきてよ」

と、伝えて、それが朝方6時くらいの出来事。遅れちゃいけないから、俺はほぼ寝ないでそのまま現場に向かったんだよ。でもオヤジは時間になっても全然来なくて。エキストラ含めて100人くらいいたのかな、みんな待っているんだよ。もちろん芳雄さんもずっと待っていた。

「いいんだよ、こういうことも含めて勝さんが好きなんだ」

と、言っていたね。芳雄さんもオヤジのことが大好きだから。スタッフには、まるで俺が悪いみたいに、

「ちゃんと寝かせたんだろうな?」

って、責められた（笑）。

1時間待っても、2時間待ってもこなくて、結局、現場に来たのが11時く

俺が撮りたい雲じゃないんだよ 今日は

らい。金色のロールス・ロイスでようやく登場したんだよ。それでさらっと俺に、こう言うんだ。

「お前、よく間に合ったな」

それで、芳雄さんと挨拶を交わして、ようやく撮影がスタートするかと思いきや、雲の流れを見て言い出したんだよ。

「ちょっと待て。今日はダメだな。中止」

「なにがダメなの？　みんなずっと待ってたんだよ」

「そういうことじゃないんだよ。俺が撮りたい映像は……お前、わかるだろう？

俺が撮りたい雲じゃないんだよ、今日は」

それでその日の撮影はバラしになっちゃった。その後、東映の陣内孝則が主演の『ちょうちん』という映画で芳雄さんと共演する機会があって、新宿のクラブを借りて撮って、陣内が13回くらい連続でNGを出したときに、芳雄さんがボソッと耳うちするんだよ、

「やっぱりダメだ」

「勝さんと芝居をやっちゃうとさ、普通の現場が本当につまらないだろう？」

俺はその気持ちがすごくわかった。オヤジとの現場は遊びだから。その延長に映像とかがあって、それができあがったときに、音楽でいうグルーヴ感みたいなさ、セリフを投げっこしていない、間も温かみというか、伝わるようなものがある。ああいうことを普段から作ってやったほうが絶対にいいものができると思っていたんだね、オヤジは。

ＮＧシーンを使う勇気と、フィルムを簡単に捨てる勇気。羽田空港でも結局その場で帰るエキストラにも日当を払うわけじゃない？　それはプロダクションの財政的にはもたないよね。でもオヤジは気分で撮影を中止したんじゃなくて撮りたい映像がきちんとあったんだよ。例えば雑誌の取材を受けたりすると、写真をスナップみたいな感じで撮られるのが俺は嫌い。その前後を想像させる、フィルムのワンカットを載せるのが好きなんだ。それはオヤジもまったくそうだった。そんな作りから受け手に感性が広がって、なにかが生まれるんだな。

振り子の幅を大きくしなさい

Let your pendulum swing far and wide.

元女優で作詞家の山口洋子さんがやっていたクラブ「姫」という、当時銀座でナンバーワンのお店に連れて行ってもらったことがあって、オヤジがくると「勝先生!」って、たくさんのホステスが寄ってくる。

「お前、ここにきたことあるか?」

「いや、初めてです」

「この店は銀座で一番と言われている。ということは日本で一番ということだ。お前とこうやって座っているだけで、チャージで何十万とついているんだよ」

「すごいところですね」

そんなことを話しているときにふと、急に素になったんだよ。ホステスがたくさんいるのに、そこにオヤジとふたりだけポツンと存在しているみたいな感覚になって。それで、こんなことを言われた。

「お金を持っているから銀座でしか飲まないというやつと、お金がないから屋台で焼酎しか飲まないというやつはまったく同じ人生を生きている。細くて狭い人生という道を歩いているんだ。でもそうじゃなくて、例えばサラリーマンで普段は屋台で焼酎しか飲まなくても、今日はボーナスが入ったから全部銀座で使っちゃおうと。そうすると、心の振り幅が大きくなる。特に男はそうだ。ステージに立つやつはなおさらだ。だから、お前も振り子の幅を大きくしなさい」と。

もうふたりだけの空間だから、この言葉の重さが頭の中に余計に響いているわけ。この人すごいな、俺の心はこの人に一生寄り添っていくんじゃないか、というくらいインパクトがあったんだよ。まるで仏に諭されているような気分だったね。

藤山寛美さんが座員たちに、「舞台は楽屋やで」と、言っていたとなにかで読んで、オヤジが言っていたことと同じ意味なんだと感じた。

普段どう生きているのかが芝居に出る。

だから振り子の幅を大きくしておきなさいと。楽屋はお客さんに見えないから、例えば普段ティッシュを使っても、そのへんに捨てておいたら、そういう雑な部分が舞台で出ちゃうんだと。

振り子の幅を大きくしなさい

ミック・ジャガーは「The Singer not the song」と、言っていて、すごく好きな言葉なんだ。歌なんて誰でも歌えるわけだよ。でも極端に言ったら普通のおぼっちゃんがパンクっぽい恰好をして、『マイウェイ』を歌ってもパンクにはならないだろう。だって普段からそういうやつじゃないじゃん？　歌は誰でも歌える、でも肝心なのは歌い手なんだ。それとオヤジが言っていたことはすごく似ていると思うんだ。あとから振り返って思うと、そういったことがすべてつながっているのが面白い。

だからオヤジとの出会いはものすごく強烈なんだよ。ああいう人に出会ったことがないからさ。あの頃から勝新太郎という広大な深海に、どんどん潜っているイメージなんだよ。ずっと魅了され、惹き込まれているんだな。

間は魔物の魔に通じる

山城新伍『若山富三郎・勝新太郎　無頼控　おこりんぼさびしんぼ』廣済堂出版　P158

The devil's in-between the details.

間は魔物の魔に通じる。まさにそうだよね。魔物の魔に入ってしまったときはヤバいよな、ハマったときが怖い。もう抜け出せないんだ。毒を食らわば皿まで、ということわざがあるけど、オヤジとの出会いはまさにその言葉どおりだった。例えばローリング・ストーンズを聴いちゃうと、もうその魅力の虜になっちゃうのと同じように。

俺はニューヨークに住んでいたことがあったんだけど、観光で行っていると、ストリートギャングとかヘルズ・エンジェルスとか見かけたら怖いじゃん？　それは自分の心が遠ざけているんだと思うよ。俺なんかニューヨークの街中をスキンヘッドに空手着、足元は雪駄で闊歩していたからね。空手の道場に通ったり、映画やライヴを観に行ったりして、毎日楽しんでいたな。しかも野球チームに入っていたんだけど、チーム名が「パールハーバー・ボンバーズ」だったから（笑）。

要は間合いの取り方次第なんだよ。観光客ではなく、地元の住人になって溶け込むと、そこは正義かもしれないわけだ。例えばヤクザの世界も、警察

間は魔物の魔に通じる

の世界も性質的には同じだからね。縦社会で。でも世間の目からは違う風に見える。最近、警察官もやたら悪いことをしているニュースが流れるじゃない？　だからどっちが正義なのかわからないよね。

会話だったり、距離だったり、いろいろな間がある。以前、ある雑誌で館ひろしと対談をしたことがあって、ふたりにとって友情とは？　という質問を投げかけられたことがある。そのときに、「距離感、間じゃないかな」と、答えたんだ。居心地のいい距離感、それは長くつき合っていくうえですごく大事なんだよ。

オヤジとつき合っていく中で、いまは声をかけないほうがいい、いまは引いたほうがいい、という状況がなんどかあった。俺はそれを敏感に感じ取って、野暮なことをしなかったから気に入ってくれていたんだと思う。逆に入り込む間もわかっていた。ここを刺激したら喜ぶ、というのが見えてくるからさ。

オヤジを先生と呼んでいた人たちは、みんな入り込むことができなかったんだろうな。どこか距離を置いちゃっていて。ここまで言ったらぶっ飛ばされるとか、変な境界線を自分で作っちゃって。俺は殴られてもいいというタイプだったから、オヤジの心に飛び込んじゃった。だから可愛がってくれたんだよ。人と人とのつき合いでもなんでも、やっぱり間なんだよね。『警視－K』でも言われたことがある。

「お前と遊んでいる間、そのまま使えるね」

一緒に遊んでいる間、それが心の襞《ひだ》に全部入っている感じだったので、不自然じゃないんだよ。無理をしてやっているわけじゃないし、そのままのノリ、間だったから、遊んでいる中でフィルムをまわしていても同じだったと思う。だから面白いんだ。

幸せすぎだ
もっと
飢えろっ！

別冊宝島『勝新伝説』宝島社　P87

You're too content. Starve yourself man!

松平健さんに言った言葉らしいけど、松平さんのことはオヤジのつき人時代から知っている。

勝プロの新年会で温泉に行ったときに、みんなで集合写真を撮ったんだよ。オヤジが真ん中にいて、左隣に中村玉緒さん。そして右隣になぜか俺がいて（笑）。松平さんはずっと後ろの列のほうで立っているんだけど、いま、その写真を見ると、なんで俺が隣にいるんだろうと思うよ（笑）。俺はそういうことにすごく気をつかうんだよ。勝プロでずっと働いている人たちもいるわけだから、ここに座っちゃってもいいのかなと。

松平さんをはじめ、みんなにとって勝新太郎というのは本当にすごい存在なんだよ。でも、俺は畑が違うし、遊びに行っているようなものだから。

松平さんはそもそも裕次郎さんが好きで、最初は石原プロに行こうと思っていたらしい。でもオヤジが松平さんを見て、なにか感じたんだろうね。

「お前に石原プロは似合わない。俺のところから飛び立て」と。

オヤジのまわりは、プロダクションどうのこうのではなくて、オヤジのこ

幸せすぎだ
もっと飢えろ！

とが好きで集まってきていた。川谷拓三さんや山城新伍さんもそうだし、松田優作さんもそうだった。石原プロはみんなシュッとしているイメージだけど、オヤジのまわりはみんな雑多、凸凹なんだよ（笑）。

よく共演していた草野大悟さんにしてもさ、いいバイプレイヤーがどんどんいなくなっているけど、ああいう人たちがオヤジを好きなのがよくわかるんだよ。オヤジもしばらく芽が出なくて、悶々としていた日々を過ごしていたわけで。でもやることをやっていれば、必ずおてんとさんが見ている。必ず自分の席があるんだと証明した人だから、すごく惹かれる部分があったんだと思う。

松平さんは裕次郎さんみたいな存在感を持って、映像の中で屹立《きつりつ》としていたかった。けど、オヤジはそれを崩していくために、言ったんだと思う。

「幸せすぎだ、もっと飢えろ！」

ずっとあとで松平さんが「マツケンサンバ」で大ヒットを飛ばしたけど、オヤジの言葉とつながるよね。

「お前は崩したほうが絶対に面白い」と、予見していたんだよ。オヤジの中にあるアイデアや感覚を、人を通して体現させるというか。人の本質を見抜く目を持っていたんだね。すごいプロデューサーでもあったんだなって思うよ。

お兄ちゃんはね
俺と違って
硬派だから

My brother's a hard ass, unlike me.

三味線はオヤジの芸の出発点であり、定期的に稽古をしていた。ホテルオークラの一室を借りて、父親の杵屋勝東治さんと長男の若山富三郎先生、そしてオヤジの3人で長唄の稽古をする日を設けていたんだ。

冬のある日、夜の11時半くらいだったかな、突然電話がかかってきて。

「いま、なにしてる？」

「家でゆっくりしているよ」

「なら出てこれるか？　いま、3人で三味線の稽古をしているんだ。お父ちゃんとお兄ちゃんを紹介する」

部屋の前に着くと、若山先生のつき人が立っている。もう完全にそっち系の人なんじゃないのという雰囲気なんだよ（笑）。

「おつかれさまです。どうぞお入りください」

と、部屋に通されて、オヤジが迎えてくれた。

「ちょうどよかった。休憩中なんだ」

それで挨拶させてもらった。

お兄ちゃんはね 俺と違って硬派だから

「お父ちゃん、これが水口だ。いいものを持っているから可愛がっているんだよ」

と、言ってくれたのを覚えている。それから若山先生にも紹介してくれて、

「勝からお前さんのことは聞いている。ちゃんとやれよ」

挨拶が一通り終わったあと、オヤジに、別室に呼ばれた。

「ピピ、ちょっとこっちにおいで」

「なに?」

「お兄ちゃんはね、俺と違って硬派だから。挨拶するときはマフラーを取らなければダメだよ」

「いま、言うの? なんで挨拶する前に教えてくれないの……」

「俺はあまり人を紹介しないから。紹介するっていうのは、よっぽど可愛がっているということだから大丈夫だよ」

そのときはちょっとビビったし、嬉しくもあったね。

そういえば若山先生がオヤジについて、

「勝新太郎はジャズだ。俺なんかはお父ちゃんに言われたとおりのリズムでやっているのに、勝は小さい頃から独特のリズムを持っている。入ってくるタイミングとか、その独特の間がジャズみたいで妙に心地いいんだ。あいつはすごいんだよ」

と、語っていたのをなにかで読んだ。

要は決めごとではなく、ここで自分は入りたいんだ、というその心なんだよ。それを表現できるのがオヤジの本当にすごいところだよ。

そして弟のすごさを認められる若山先生もすごいよね。お互いが尊敬しあっている兄弟なんだよ。若山さんも本当は座頭市をやりたかったらしい。ものすごく羨ましかったらしいよ。

それと、オヤジは三味線のことを〝しゃむせん〟と呼んでいて。それはいつ聞いてもおかしかったな（笑）。

打ち切り
上等じゃないか
飲みに行くぞ！

Getting cancelled's great—we can finally go get a drink.

『警視－K』が打ち切りになるとき、オヤジがちょっと落ち込んでいた。

「おい、ピピ、自分の想いとは違うこともあるよな……あのな、ワンクールで打ち切りになっちゃったんだよ。ツークール目はお前ともっと遊ぶために、いろいろな計画があったんだけど……できなくなって悪いな」

「そんなことは別にいいよ。オヤジと過ごした時間は最高だったし、ドラマが終わってもつき合いは続く。これは奥村利夫とのつき合いなんだ」

それでその年のオヤジの誕生日は、アンティークの帆船の模型に、〝あんたが船長で俺は乗組員だから、この船がどこに行こうとついて行く〟と、いうメッセージカードを添えてプレゼントした。

オヤジはすごく感動してくれて、そのカードをていねいにふたつ折りにして財布の中に入れてくれた。それで、

「よし、すっきりしたな。打ち切り上等じゃないか、飲みに行くぞ！」って(笑)。

繊細さと器の大きさを感じたね。

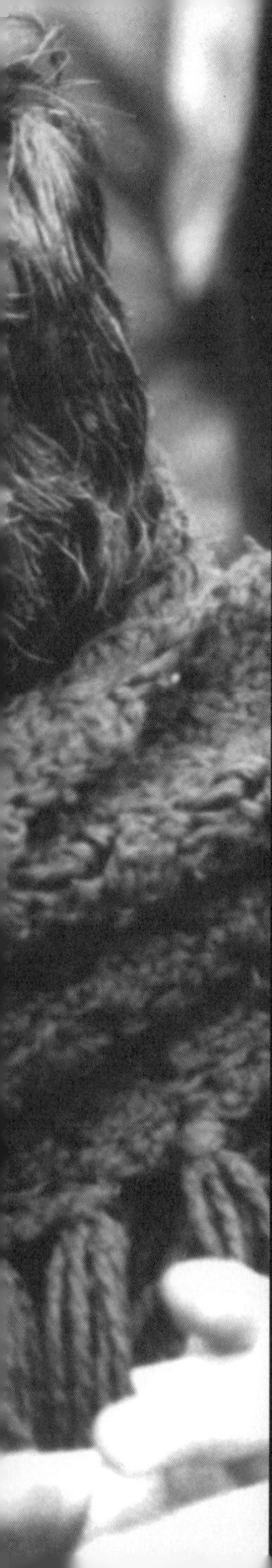

哲

芸能の世界で揉まれる中で、その思考と行動を高次元で昇華し、独特な哲学を作り出した。おかしみや哀愁が混ざり合う、サイケな色彩を持った世界観はまさに勝曼荼羅。それは勝イズムとして、多くの人に影響を与えている。

PHILOSOPHY

まねる
まねぶ
まなぶ

勝新太郎『俺 勝新太郎』廣済堂出版 P246

Imitate, emulate and absorb.

オヤジと夜中まで飲んで、ふたりで勝プロに戻ってきて飲み直す、ということをよくやっていたけど、その中で言われたことがある。それは、

「まねる、まねぶ、まなぶ」

すべてが芸につながると考えていた人だから、なにごとにもすごく貪欲なんだよね。なんでも入り込んでいく、というか。銀座に行っても帰りにいつも、「おかしなものだよな。お金を払っているのはこっちなのに、ホステスさんたちを笑わせている」って。

ホステスにしても芸者にしても、一緒に遊びながら、ちょっとした仕種《しぐさ》なんかを観察していたんだね。赤坂の料亭で知り合った女将のまねをして見せてくれたこともあったけど、どっからどう見ても女の人なんだよ。あれはすごいよ。心で演じる、心でまねるんだよ。

なんでもまねからスタートして学んでいく。この繰り返しなんだと。だから、どこかに遊びに行っても、みなさんのほうが偉い、みなさんが先生だと言っていたんだよ。例えばタクシーに乗っても運転手が先生だし、リアルを追求

まねる
まねぶ
まなぶ

するとそうなるんだよ。俺は俳優です、と偉そうな顔しているやつが演じるタクシー運転手を見るよりも、よっぽど勉強になるんだよ。

見せるというよりは自分でどうだよって。古今亭志ん生さんも、おじいさんやおかみさんを演ると、どう聴いてもその人になる。外見なんてどうでもいいんだよな、心の中で真剣にやる。よく言っていた言葉を思い出すな。「一所懸命がいい。それが積み重なって一生懸命になるのがいい」

映画にしても、遊びにしても、なんでも夢中だったんだね。夢中でやっていたら、いつの間にかこんなになっちゃったな、というのが好きなんだよ。もちろんそれがダメなときもある。それでもいいわけだよ。

例えばディナーショーをやると、酔っ払いとかいろいろな人がいるわけだから、オヤジに絡んでくるお客さんもいて、「ん、なんだ?」と、会場が一瞬シーンと緊迫感に包まれる。そのタイミングでジョークを言うと、一気に緩和されてバーンとウケるんだよ。

それは毎晩遊んでいて、いろいろな場面に出くわしているのが活きるわけで、突発的なことがあっても対応できるんだよ。だからオヤジといると、すごく勉強になった。

俺のライヴでも危機的な場面が何回もあったから。乱闘が起こって収拾がつかないとき、みんな固まるように怒鳴る。

「お前ら座れ!! ……ってマネージャーが言っているんだけど」

と、言うと、ドカンとウケる。

この間合いに関してはオヤジから学ばせてもらった。オヤジもそういうことができるやつだと感じ取ってくれていたんだと思う。

俺はこれでいいんだと思えた瞬間だね。

役者だからと
偉ぶるな
一般の人こそが
偉いんだ

Actors need to get over themselves.We serve the people, not the other way around.

哲

PHILOSOPHY

よく街中でドラマや映画の撮影隊に出くわしたりするけど、まわりの一般の人たちに対して、撮影の邪魔だといわんばかりに、自分たちが偉いみたいな感じで横柄にやっているじゃん？　そういうのを見かけると、それは真逆だよって、オヤジはいつも言っていた。

「役者だからと偉ぶるな。一般の人こそが偉いんだ」

「お前、芸人なんてのは士農工商に入っていないんだぞ、河原乞食だぞ。世間のみなさんが頑張って日本という船を動かしてくれているんだ。でも彼らだって疲れる。たまの休みや息抜きしたいときに、俺の映画やお前の音楽なんかで、ホッと一息ついて日々の活力にしているんだよ。だから俺たちは真剣に作品を作らなければいけないんだ」と。

出会いっていうのは神様に仕組まれている

The gods bring us together for a reason.

勝アカデミー出身で、世代的にクールスが好きな後輩がいたんだよ。そいつも『警視-K』に出演したんだけど、上にはペコペコ、下には偉ぶるタイプのやつで。撮影のときには俺のところにくるから、「元気か？」程度の挨拶を交わすつき合いだった。それをオヤジがどこかで見ていたみたいで、ある日、

「おい、お前あいつと仲いいのか？」

「後輩みたいなものなんだけど、クールスのファンで俺のことを知ってくれていたから、ちょっと話すようになったんだ」

「あれは人間的にダメだぞ」

と、言うんだよ。そいつが下のやつに偉ぶっているのをどこかでオヤジも見ていたんだろうね。そういうやつがオヤジは大嫌いなんだよ。だから俺も、

「わかっているから大丈夫。あいつもいい歳だし、もうあの性格は直らない。だから真剣につき合ってはいないよ」と。

その日の夜も飲みに行ったんだけど、オヤジが突然、訊くんだよ。

「なんでお前のことを可愛がるかわかるか？」

出会いっていうのは神様に仕組まれている

「わからない」

「最初に会ったときを覚えているかい？」

「覚えているよ。いろいろな方向から俺を見ていた。わずか2～3分くらいだったと思うけど、30分くらいの長さに感じたよ」

「あの静かな空間に俺とお前しかいない、息遣いしか聞こえないような空間で、俺がずっとお前のことを手でレンズを作って見ていただろう？　最初はなんだ、この人みたいな感じだったけど、後ろにまわったりしているうちに、お前はね、要は間がもたないわけだよね。その中に照れがあったんだ。俺や（石原）裕次郎なんかが持っていた照れ。粋がっているんだけど、その中に照れがある。いまでもそういうやつがいるんだと思ったんだ。その照れがめちゃくちゃよかったんだ。俺とお前は歳や生まれたところも違うけど、同じリズムで生きている。それが、たまたま出会った」と。

「これはね、神様が作ったんだよ。出会いっていうのは神様に仕組まれているのかもしれない」

とも言っていた。

そこからだね、勝新太郎という人によりのめり込んでいくようになったのは。

偶然完全

Nothing's as perfect as an accident.

『座頭市物語』に松平健さんのデビュー作で、浅丘ルリ子さんと共演した「心中あいや節」という回がある。カメラマンは『座頭市』シリーズをずっと撮ってきた森田富士郎さんで。撮影しているときに、三脚のネジがあまかったから、カメラがガタンと下を向いちゃった。それでふたりが歩いている足元しか映っていなかった。それが雪の中を駆け落ちしていくふたりの姿を想像させるのに十分で、もう言葉がいらないほどにいい映像なんだ。森田さんは撮り直そうとしたらしいんだけど、オヤジは、こう言ったらしい。

「いや、これでいい。この映像はすごいぞ！」

この話なんかは、すごく偶然完全を表していると思う。

映画を作っていくうえで、最初から１００％これだ！　というものが必ず出るわけじゃない。だからこそ面白いんだって。決めごとじゃないところから、感動的なものが生まれるから。それをずっと映像化したかったんだろうね。

撮影でも偶然に生まれるものを狙って、いつも何台かカメラをまわしていた。『警視-K』では、これはNGだろうと思うものもよく使っていた。自分では見えない、意外な方向から撮っているものも多かった。まさかそこから撮っているとは思わないから、あとで見てみると新鮮で面白いんだよ。

あとこんなこともあった。オヤジが横に立っているとき、まわりにはわからないように、俺の太ももをポンと叩いて合図を送ってくるんだよ。いま、出ていったら面白いぞと。いつも出ていくタイミングを教えてくれたんだ。

ある程度は頭の中に構想はあったと思うよ。なんでもかんでも予想をしたものを裏切ってしまうと、ストーリーとして繫がらなくなってしまうから。それを活かしつつ、まったく違う視点のものを、という考えがあったんだろうね。

でもその画はオヤジの頭の中にしかないから、脚本家の人たちは泣いたわけで。『警視-K』の脚本を2本も担当した柏原寛司さんも大変だったと言っていたよ。だって苦労して書いていった脚本が大幅に変更どころか、まったく違う話になっちゃうこともあったんだから（笑）。

哲

PHILOSOPHY

オヤジのアイデアは底なしだから、話をしていく中でどんどん広がっていくんだよ。それでも勝さんのことが大好きだと言っていたけどね。

俺は新聞に載る
ような男になりたい
それには
犯罪者になるか
スターになるかだ

春日太一『天才 勝新太郎』文藝春秋 P36

Whether it's for fame or infamy
I want to see myself in the papers.

若いときは有名になるためにエネルギーを使わなくてはならないんだけど、無茶をしてしまったために犯罪者になってしまうこともある。またその逆でエネルギーを使うベクトルがよかったためにスターになる。それは本当に紙一重なんだろう。オヤジも若い頃はそうだったんだろうね。

一緒に飲み歩いていたときに、輩に絡まれて、ついついカッとなって突っ込んでいったことがあった。要は俺が無茶をしたんだよ。そのときオヤジに
「まったくお前は無鉄砲だ！」

と、ぶっ飛ばされたことがあったけど、それは若いときの自分を殴っていたんだろうね。

俺はそういう無鉄砲な部分がまだ抜けていないなと思うときがあるんだよ。バイクに乗っているときに、危険な運転をしている車に出くわすと、いまだにカッとなるから（笑）。

売れなかったら一生ラーメンをすすって生きる覚悟を持て

春日太一『天才 勝新太郎』文藝春秋 P67

If you're not ready to wallow in a bowl of ramen for the rest of your life you're not ready to attempt success.

この感覚、ものすごくわかる。俺は食に全然こだわらないタイプだから。例えば接待されて、高級な寿司屋に連れて行ってもらったとする。確かにいいネタだし、うまいよ。でもそれを毎日食べたいかといったら、それはどうでもいいんだよ。オヤジも衣食住すべてどうでもいいと思っていたタイプで。勝プロが大変なときもレンタカーをニコニコしながら運転していたし（笑）。

みんなオヤジは毎日いいものを食べて、毎晩豪遊しているというイメージを持っているけど、それは勘違いだよ。メシなんか空腹を満たす道具にすぎない。例えば俳優やミュージシャンは、サラリーマンと違う生活をできることが面白いのに、グルメがどうだとか、本職とは別のところで面白がっているやつがいる。そんな人とは違うんだよ。

車もそうだよ。ある知り合いのやつが、

「新しいＢＭＷを買ったので見てください」

と、やってきた。それでアルマーニのスーツなんか着て、「いいでしょう！」と満足気な顔をしているんだ。そいつにこう言ってやったことがある。

売れなかったら一生ラーメンをすすって生きる覚悟を持て

「あのな、金があったら誰でもできることで自慢するな。お前がこの車を作りました、というのなら褒めるけどな」と。

そいつは、寂しそうな顔をして帰っちゃったんだけどね。自分だけのオリジナルなものができるほうがいいんだよ。オヤジの映画はまさにそうだったよね。俺の練習スタジオにきても、

「いいね、お前は。俺はお前にはなれない。でもお前も俺にはなれない。だから仲よくできるんだ」と。

つき合っていると、なにか自分とは違う面を見ることができる。それが楽しかったんじゃないかな。自分のやりたいことをやっているなら、毎日ラーメンをすすっていてもいいわけだよ。苦になるはずがない。

それとオヤジは若い頃に悔しい経験もしているからね。大映の同期に市川雷蔵さんがいたけど、雷蔵さんは最初から大スターとして迎えられた。自分の待遇とは雲泥の差で悔しかったと思うよ。長谷川一夫さんのような白塗りの二枚目を目指したけど、何年も端役ばかりでヒット作が生まれない。でも

スタッフを連れて毎晩飲み歩いて、鬱々とした日々を過ごしていた。

そんなある日、照明のおじさんに言われた。

「長谷川一夫先生にならなくてもええやん。お前さんのよさはそんなんちゃうやろう」

その言葉で吹っ切れたタイミングで、『不知火検校』のオファーがきた。あれだけヒーローになりたかったのに、ダークヒーローのほうが断然面白くて、当たったわけだよ。それがあったから『座頭市』や『兵隊やくざ』もスッと入れたと言っていたよ。

俺とお前は
芸NO人じゃ
ないからな

Remember, they don't call us UNentertainers.

オヤジがよく言っていたのは、

「俺とお前は芸NO人じゃないからな。俺もお前も芸がある」

そういう言葉遊びが好きな人だし、芸がある人が好きだったからね。

クラブを貸し切って、オヤジの誕生日会が盛大に行われたことがあった。芸能界からもたくさんの人がお祝いに来ていて。お祝いの言葉や歌を唄ったりしていて、俺の順番がきた。オヤジの好きだったフランク・シナトラの「マイ・ウェイ」を心から捧げたんだ。唄い終わると、オリコンの創業者の小池聰行さんが近づいてきて、「君の歌は素晴らしい！」と、なぜか褒められた。

オヤジにそのことを話したら、

「それは俺に捧げて歌ってくれたからだ。ひとりの人のために真剣に捧げているものは、まわりの人も見ていて感動するんだよ」

すごく気分がよかったんだけど、その日はちょっとした事件もあったからより鮮明に覚えている。その誕生日会に松田優作さんも呼ぼうということになったんだ。優作さんはオヤジのことが大好きで尊敬していたし、俺は『暴

俺とお前は芸NO人じゃないからな

力教室』で共演して以来、お兄ちゃんみたいに慕っていたから。連絡をしたら、ちょうど内田裕也さんと火野正平さんとで一緒に飲んでいたから、みんなで会場にやってきた。

30〜40分経ったら、オヤジは先約があるからと会場を先に出た。俺も一緒にと思ったんだけど、優作さんに言われたのは

「裕也さんがもう一軒行くからつき合えよ」

「裕也さんも正平さんもかなり酔っぱらっているし、絶対にもめますよ」

「俺とお前がいれば大丈夫だから」

すごくいやな予感がしたんだけど連れていかれた。それで案の定、正平さんが裕也さんに絡みだしたんだよ。

「ロックンロールってなんすか？　教えてくださいよ！」

「てめぇ、うるせえぞ！」

「もうちょっと見ていようぜ」

止めなきゃと思ったんだけど、優作さんが耳打ちして、その状況を楽しん

でいるんだよ。でも、とうとう裕也さんがプツンと切れて、テーブルに乗っかって、「てめぇ！」と喧嘩がはじまった。

「いま止めないとヤバいですよ！」

「もうちょっと、もうちょっと」

もうやばい、まわりのお客さんもザワザワしていても、優作さんはまだ面白がっていて。

収拾がつかなくなる寸前で、ようやく優作さんとでふたりを止めた。だから、その日のことをよく覚えているんだよね。

おい台本なんか見るんじゃない！

Scripts aren't made to be read!

『警視‐K』の「そのしあわせ待った！」という回で、石橋蓮司さんがゲストだったんだけど、セリフのやり取りの中で蓮司さんと一緒のタイミングでかぶっちゃったことがあった。普通はNGなんだけど、オヤジにはそれが面白い。日常会話の中では、食い気味にきたり、もっと間があったりするのが当然。そういうリアリティを掴みたくて、オヤジは毎日のように飲み歩いていたんだろうね。

取り調べのシーンをやったことがあったけど、俺は台本を見ない、というかオヤジが見せてくれない。撮影場所すら当日まで知らない。だから、その当時は現場に遊びに行っている感覚だったね（笑）。

「おい、台本なんかみるんじゃない！ お前ね、明日がどうなるかわかるのか？人間なんて1時間後さえもわからないんだ」

って。それでも俺が隠れて台本を見ていると、オヤジは必ずどこからか見ていて怒る。

「あれだけ台本を見るなと言っただろう。俺とお前は大丈夫なんだよ」と。

影のない役者は光のない役者だ

勝新太郎『俺 勝新太郎』廣済堂出版 P316

A performer without a dark side hasn't got a light side either.

光が強ければ強いほど影が濃くなる。それは逆もしかりでさ。例えばジャニーズ系やＡＫＢグループみたいに光が当たっているからスターというわけではなくて。

そういえば秋元康さんの仕掛けはダメだと思っているんだよ。あのＣＤの売り方は音楽業界を馬鹿にしているものな。選抜総選挙の投票権のためにＣＤを買って、音楽が好きで買うんじゃないんだもの。それはダメだよ。彼らは人間の機微がわからないだろうし、それをやっちゃうとアートじゃなくなっちゃうんだよ。だから彼らには勝のオヤジのことは理解できないだろうな。

「士農工商の中にすら入ってない芸人が商いの中に入ってしまった感があるよなぁ」

秋元さんが作詞した『川の流れのように』っていい詩だなぁ、と思うけど、それも〝商〟のために書いたんじゃないかと思ってしまうものなぁ。

光も影も両方持っていないと役者の本当の存在感は表れてこない。

そこは俳優と役者の違いだと思う。俳優は光だけなんだよ。石原裕次郎さ

影のない役者は光のない役者だ

んはそれを自分で感じ取ったから、「勝ちゃん、演技を教えてくれ」ときたわけで。演技という実を身につけることによって影が濃くなる。そうすれば本当に映画が好きな人からも認められる。勝新太郎はそれが表現できる役者なんだろうな。俳優にはできないんだよ。

緒形拳さんは新国劇出身なので、1＋1＝2でやっていた演技が、「オヤジとの出会いで全部崩された」と、言っていた。話のおおまかな筋だけ聞いていて、あとはアドリブでくるわけだから。その楽しさを知っちゃうとヤバイんだよ、もう抜け出せない。

映画会社のスターシステムの中から出てきた人と、演劇から出てきた人では、そのアプローチの仕方、組み立て方の違いもあると思うんだよ。オヤジも最初はオヤジなりの演技の考えがあったんだと思う。でもそうじゃないと気づいた。リアルを求めちゃったから。人間、普段話していると、綺麗なキャッチボールばかりではない。俳優さんたちの、「僕のセリフは投げました。次お願いします」というやりとりは見ていてもつまらない。それをオヤジは否定していたわけだよ。話していて、いきなり電話が鳴るかもしれない。ここでフィルムをまわしていて、「電話でなくていいんですか?」「ん、いいや」となると、なにかあるんだなと勘ぐる。常に実験しているんだよと言っていた。

ハリウッドでいったらシルベスター・スタローンは最近の作品を観ると、役者の面白さに気づいて演技をしていると思う。でもアーノルド・シュワルツェネッガーみたいにずっと筋肉だけでいい、みたいなタイプもいる。ロバート・デ・ニーロのように作品によってアプローチを変える人もいる。

だから、オヤジは普段の姿まで俺に見せていたんだろうね。家に遊びに行くと、パンツ一丁でウロウロしたり、一緒に食事をしていてもわざと口になにかをつけていたり。あるときなんて急に髪を切り出したこともあった。なにやってんのって。常に自分を見ている人の反応を試していたんだね、映画のために。

空気の中に『電気菩薩様』みたいのがいるんだよ

勝新太郎『俺 勝新太郎』廣済堂出版 P339

The air's coursing with what I like to call 'electric enlightenment.'

『電気菩薩様』って、すごい言葉だよね。オヤジには独特の言語感覚があった。いまは赤坂にある酒場「田賀」が六本木にあった頃よく通っていたんだけど、ビールにテキーラのショット入れた飲み物を「マリ花」とネーミングしちゃったりさ（笑）。

これは俺の考えなんだけど、『電気菩薩様』は多分、太陽のことなんだと思うんだ。光を放ったり、引き寄せたり、いつも輝きを増している、みたいな。それを太陽と言わないところがオヤジらしいなと。太陽は曇っていても雨が降っていてもいつも出ているわけだから。

現実社会でも光もあれば闇もある。その闇の部分に人間は興味があるじゃない？　自分と関係ないところなら闇の部分を楽しんだりするけど、実害が及ぶといやなんだよ。そういうのが日本人は好きだよね。それをわかっているんだよ、オヤジは。

太陽だったらいつも輝かされているけど、自分で明るさや暗さを操作したいんだよ。

無駄の中に宝がある

長沼六男 監督『ドキュメント 座頭市 勝新太郎を斬る！』

There's treasure inside every pile of waste.

『悪名縄張荒らし』で、朝吉親分（勝新太郎）が徴兵されて、みんなが旗を振って見送るんだけど、汽車が出発した直後に見送りの人ごみの中から迫ってくる少年に、子分の貞（北大路欣也）が刺されてしまうシーンがある。

あわてる貞の奥さん（十朱幸代）を手で制して、「あほぅ。親分がまだ見ているやんけ……もう見えへんけ？」と、倒れ込むんだけど、あの少年を使うところは流石だねとオヤジに言ったことがある。そうしたら裏話を教えてくれて、わざわざオーディションをして15人くらいの中からあの子を選んだんだって。みんな素人だし、無駄になってしまうかもしれない。でも選んだ結果、日本人に恨みを持っている人種の子だった。

「あの目は日本人を殺したくて仕方がない目だったろう？」と。

無駄な行為というのは、あながち無駄ではないんだね。思いがけずダイヤの原石が見つかることもあるんだよ。

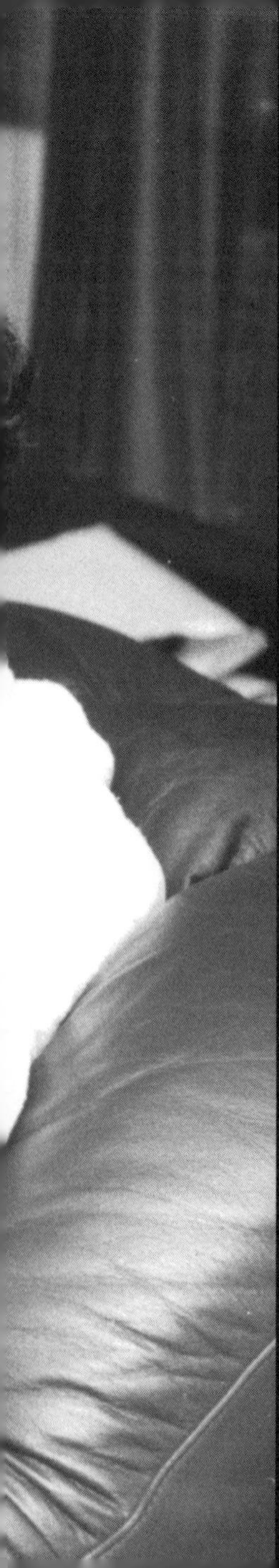

遊

豪快な遊び方で知られ、数々の伝説的逸話を遺した勝新。しかし、それは人を喜ばせるためのサービス精神の表れであり、作品へ活かすための人間観察の場であった。語録から飽くなき興味への探求が見えてくる。

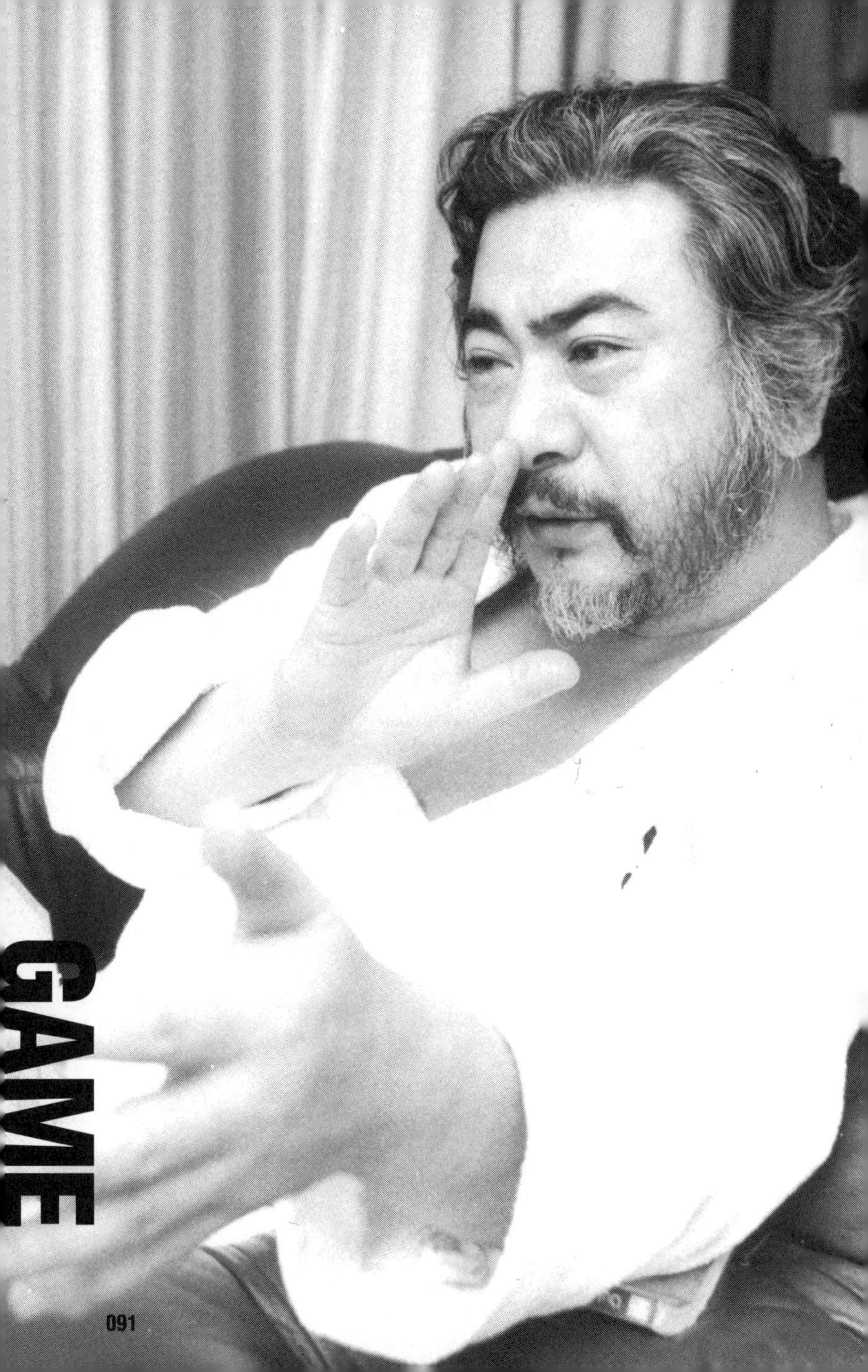
GAME

オレは江戸っ子だ
自分から一度
離れたものは
戻らないんだよ

I'm an Edokko.
We don't lend money, we give it.

昔、新宿で「ソウルトレイン」というディスコをやっていたり、『可愛いひとよ』というヒット曲を持つクック・ニック&チャックをプロデュースしたやつがいて。しばらく会ってなかったんだけど、オヤジと「レキシントン・クイーン」という六本木のディスコに行ったときに、彼がいたんだよ。

「なんだよ！　元気？」

「おぉ！　久しぶり」

そうしたら彼は言っていたんだ。

「夜の町の面白い情報を勝先生に提供しているんだ」と。

楽しんでいると、すごく盛り上がっている女の子のグループがいて、「みんな勝先生と知り合いだ」と言うんだよ。その中にひとり、ものすごく気になる子がいて、ちょっと訊いたらオヤジのお気に入りだった。俺たちがボソボソ喋っているから、オヤジが、

「なんだよ、ピピ。言ってみろよ」

「あの子、綺麗だね！」

オレは江戸っ子だ
自分から一度離れたものは戻らないんだよ

「か～、お前じゃしようがないね。おい、こいつはピピといって可愛がっているやつで」

と、すぐに紹介してくれた。それからその子とつき合うことになったんだよ。しばらくして、あるときオヤジが言ってくれたんだ。

「お前、あいつと一緒になるなら、俺と玉緒が仲人をしなくちゃいけないから、ちゃんとつき合いなさいよ」と。

結局、別れちゃったけどね。その子は、門限が厳しい子だったから、みんなで飲んでいても、夜がふけてくると、オヤジが気にするんだよ。あれだけ時間にルーズな人が（笑）。

「お前、そろそろを送って行く時間じゃないのか？」って。

「これで送ってやれ」

と、車の鍵を貸してくれた。だから金色のロールス・ロイスで送っていったことがある。そういえばタクシーで家に帰るとき、

「これ、タクシー代」

と、言って10万円くれたこともあった。

「いや、オヤジ、2000円あれば足りるから」

「馬鹿、これ（10万円）どうするんだよ。もうここに出しちゃったろう？　オレはお前も知っているとおり江戸っ子だ。自分から一度離れたものは戻らないんだよ。どうするんだ、これ？　ゴミ箱に捨てるのか？」って。

俺なんかまだ若かったし金持ってないじゃん？　しかも女の子とつき合っていると、メシをおごったりしているのを全部知っている。だからその10万円の中に全部入っているんだよ。俺がなにも言わなくても全部わかっちゃうんだよな。そういうことを考えると、オヤジは本当に可愛がってくれていたんだね。

ゆうべの金は
ゆうべの分だろう

Last night's money needed to be spent last night.

オヤジと飲みに行くと、ホステスさんとかにいつもチップを渡していたんだ。スタッフがチップ用に200万円とか持たせていたんだろうね。でも、ひと晩ですっかりなくなっているんだよ。朝方に勝プロに戻って、オヤジを寝かせつけて帰るんだけど、また昼に行くとオヤジはすでに起きていて、

「メシ行くか」

と、言いながらポケットをガサゴソする。

「あれ？　お金がないねぇ」

「でも昨日、いっぱい持っていたよね？」

「馬鹿野郎、ゆうべの金はゆうべの分だろう。お、ほら、500円しかないじゃないか。おい、いまあるかい？」

と、オヤジが言うと、スタッフがまたお金を工面する。俺も気が引けるし、みんなの視線が刺さるんだよ。お前も同罪だからな、という視線が（笑）。

チップは授業料なんだ馬鹿野郎それをけちるやつがいるか

別冊宝島『勝新伝説』宝島社　P42

When I tip someone it's tuition.
Only a dumb son-of-a-bitch wouldn't understand.

チップを渡しているところはなんども見たけど、当時の一万円とかだからね。オヤジのマネージャーをやっていたアンディ松本と仲がいいんだけど、彼がチップ用に一万円の束を預かっていた。でも勝プロが傾きかけていた時期で、会社の状況がまずいということもわかっている。だから一万円札を五千円札にしたことがあったんだ。そうすれば倍の人に配れると考えたんだね。

それはアンディのオヤジと勝プロへの心づかいだった。愛だよね。それがわかるからこそ、その事実を知ったときにその場では怒らない。ふたりになったときに、

「チップは授業料なんだ、馬鹿野郎。それをけちるやつがいるか」

と、言ったんだと思う。それもオヤジのアンディへの愛だよね。

「俺が見栄を張ってチップを渡していると思うのか？　みんなをお師匠さんと思うからこそ渡すんだろう」って。

例えばホステスさんをよく観察していれば、誰かに演技を教えるときに、

チップは授業料なんだ 馬鹿野郎 それをけちるやつがいるか

彼女たちはこういう所作をするんだとわかる。その授業料をなぜけちるんだと。芸のためならとことんやるんだね。

金色のロールス・ロイスに乗って飲みに行くだろう？　店の前に着いて降りる。ポーターがやってきて、10メートルくらい車を動かしてくれるんだ。ポーターが戻ってくると、「ありがとう」とチップを渡す。「勝先生！」と、多くのホステスたちが迎えると、「はい、はい」とチップを渡す。その光景を目の当たりにして、最初はスター勝新太郎がやっているんだと思ったんだ。でもアンディに怒ったというエピソードを聞いて、そういう感覚なんだと改めて思った。

チップの渡し方も粋でね。例えば近くにきたときに、机の下とかから、ちゃんとまわりには見えないように渡すんだよ。俺はチップをあげているんだ、という態度ではまったくない。

「なんでも野暮なまねはしちゃダメだよ。粋にいかないとね」

と、常に言っていたね。

そういえばオヤジにはホームレスの友だちもいた。ある日、西麻布寄りの交差点で急に車を停めて、降りていくんだよ。

「どうしたの?」

「ちょっと待ってろ」

そうしたらホームレスの人のところに寄っていって、タバコをあげたりしながら、楽しそうに話し込んでいるんだよ。10分くらいして帰ってきたから、訊ねたんだよ。

「あれ誰?」

「友だち。もし映画でホームレスの人が出演するシーンがあったら、あいつに心境とかいろいろと聞けるだろう?」

って。そのホームレスの人も、もしかしたら以前は大きな会社の社長だったかもしれない。そんな想像を巡らせながら、下から見たり、横から見たり、いろいろな角度から見れるからこそ、常に面白いものを作れたんだと思う。

新しい発見だよ
勝新太郎が
新しい勝新太郎を
見つけた

I just found a new me. What a discovery!

オヤジはどこへ行っても自分を鍛える場所だと言っていた。それは自分が100%映像のことをわかり切っているわけじゃないから。普段の遊びの中で、予想だにしない返しがきたときなんかは、

「これはいただきだ、こんなリアクションをする勝新太郎がいるんだ」

と、いうことを自分で発見する。

ある有名な芸能人が捕まったことがあって。そのあと、銀座でバッタリ会ったときに、オヤジがいきなり注意したんだ。

「お前な、会見を見ていたけど、あんなことくらいでペコペコしやがって。日本男児としてやることか！　馬鹿野郎！」

と、言ったら、耳打ちして

「俺、日本人じゃないんです……」

と、その人は在日だったんだね。オヤジも

「おぉ……そうか」

黙っちゃった。そういう場面も逆に楽しんでるんだよね。まさかの返しで

新しい発見だよ
勝新太郎が新しい勝新太郎を見つけた

固まっちゃった自分も。

「俺にはこんなところがあるんだ」

「新しい発見だよ、勝新太郎が勝新太郎を見つけた。常に新鮮な勝新太郎を撮りたいんだ。もうひとりの勝が、なんだ知らなかったな、驚いちゃったよ」と。

それをとどめておいて、なにかの映画で使いたいと思っていたんだよ。

どこに行っても、誰かに会っても、なにかを得られる。だから毎日外に出ていたんだよ。それには授業料もかかるけど(笑)。毎日規則正しく家に帰って、夕飯を食って、風呂に入って、寝る。そんなつまらないことはない。外に出れば自分の計算外の楽しいことばかりだから。

あと、俺の大好きな話に『座頭市』での内田裕也さんとの絡みがあって。

「自分が切られるシーンを寝ないで考えてきたんです!」

「やってみろ」

それで考えてきたシーンを延々とやらせて、オヤジはずっと見ている。

「おう、いいじゃないか!」

と、言うわけだよ。裕也さんは満面の笑みになるよね。反応もいいし、これは採用されるだろうと。そこでオヤジがひと言。

「自分の映画でやれ」

あのやりとりが本当に絶妙で面白くて。あと、裕也さんは『座頭市』では、もうちょっと偉い立場の役を望んでいたんだけど、赤兵衛なんて変な名前の役だし、オヤジに文句を言ったらしいんだよ。そうしたら、

「お前はいつもロックンロール、ロックンロールと言っているんだろう？　赤兵衛っていうのはあかんべえ、赤い舌、ローリング・ストーンズだろう」

「やっぱり勝さんすげえ！」

と、思ったらしいよ。どこでも、どんな場面でも遊び心やアイデアがあって、楽しめるんだよ。もっとも勝新太郎を表しているエピソードだよね。

おおおお……
お前、これは
すごい映像だよ！

Ohhhh maaaan, this is one hell of a picture!

銀座や六本木でしこたま飲んだあとに勝プロに戻ってきて、また飲み始めるじゃない？　ベロベロに酔っぱらっていたら、あるものに気がついた。刑事ドラマとかでよく見る、アルミのスタンドがあるでしょう？　それがオヤジの部屋に置いてあったんだよ。蛍光灯の灯りがなんか気に入らなかったんだろうね。俺がふとオヤジに言ったんだ。

「これで遊んでいい？」

「やってみろ」

それで部屋の明かりをバーッと消して。ものすごく大きな鏡があったんだけど、そこにアルミスタンドのシェードをピタッとくっつけたんだよ。鏡とシェードの隙間から漏れた光が、日食みたいになって。それが鏡に写し出されたとき、ふたりとも、

「ウォ〜〜〜、ヤバイ……」

「おぉぉぉ……お前、これはすごい映像だよ！」

って、オヤジも喜んじゃって。だいぶ酔っていたから、割り増しですごく

おぉおぉ……
お前、これはすごい映像だよ！

見えたのかもしれない。でも白熱球だから、熱を持っているじゃない？　しばらく見とれていたら、突然鏡がバリンッ！　と割れちゃったんだよ。まるで稲妻が走ったみたいで、さらに神秘的だったから、ふたりで震えてよけいに感動しちゃった。

多分、誰でもじゃないと思うけど、こいつは見どころがあると思うやつには、なんでもやらせてみる。それが面白いと、「こいつはいい！」と受け入れるんだよ。

あの鏡に写し出された光や映像は、作品を撮るときに使ってみたら面白いと思う。そういった、映画に使えそうなものならなんでも面白がって吸収する。オヤジにはそういうところがあった。

遊

GAME

どうだ？
かわいい
腹だろう

You like this belly, doncha?

銀座で飲んでいたときに、いかにも悪そうなやつがグデングデンに酔っぱらって、絡んできたことがあった。

「おら！　勝！」

「ん、なんだ。文句があるみたいだな」

オヤジがスッと立って上着を脱いだから、俺もいつでもいけるようにした。相手は少し驚いて身構えたんだ。これは本気だ。そう思った瞬間、

「どうだ？　かわいい腹だろう」

と、自分の腹をポンと打ったんだよ。もう振り上げた拳もヘナヘナだよね。

その後、テーブルに「あちらのお客様からです」と、絡んできたやつからのレミーマルタンなんかがズラッと並んだけどね。

傍から見たらピンチのような状況でも楽しむことができる。それは自分に自信があるからなんだろうね。

おうどんさん大事に食べさせて頂きます

田崎健太『偶然完全 勝新太郎伝』講談社 P334

My dearest udon, I eat you with the utmost respect.

桑名正博とうどんを食べているときに、オヤジが正博に、

「『おうどんさん、大事に食べさせて頂きます』と毎回言うんだ」

と、ウソを教えたんだ。オヤジはそういういたずらが大好きでね。六本木にあった勝プロの隣の部屋が正博の事務所だったからオヤジと交流があったんだよ。

そういえばオヤジがつき人に面白いいたずらを仕掛けたことがあった。つき人に用事を頼んで勝プロで待っていたんだ。そうしたらオヤジが言うんだ。

「あいつ、腹減っていると思うからラーメンでも」

「出前頼む？」

「いや、俺が作るんだよ」

「えっ？　オヤジが⁉」

そうしたら、白いゴムを麺くらいの細さに丁寧に切っているんだよ。そして醤油を垂らしただけのお湯と切ったゴムを器に入れてニコニコしながら待っているんだよ。そしてつき人が帰ってきた。

「お前、遅かったな。これから六本木に行く。腹が減ったから俺らはラーメン

おうどんさん
大事に食べさせて頂きます

を作って食べた。お前の分も用意しておいたから食べろ」と。

俺も話しをあわせて「うまかったよ」と。そうしたら、

「先生が作ってくれたなんて感激です！　いただきます！」

と、食べ始めたら、すごく困惑した顔をして、

「なんですか？　これ？」

オヤジはそういうリアクションを見るのが大好きなんだろうな。

そういえば正博とは、亡くなる2年くらい前に上海で一緒になって。上海で有名な中国人のママがいるんだけど、その人がやっているクラブに飲みに行った。そこで「メリー・ジェーン歌ってよ」と言われて、歌うことになったんだけど、正博も一緒にあわせて歌い始めたんだよ。そのあとにママがさ、

「あのデュエットを映像に収めておけばよかった」と言っていたね……。

遊

GAME

輩でもなんでも
自分を
面白がってくれる
それでいい

Hangers-on are fine as long as they hanging on me.

オヤジは俺に言ってくれたことがあった。

「今後、お前が立てるなら、俺の名前を使っていけ」

俺はそんなみっともないまねはできない性分だけど、あえて言うんだよ。

オヤジは、たかってくるやつらの心情さえも映画にしようとしていたと思う。だって『座頭市』に出てくる卑しい親分衆なんかまさにそうだから。一緒に飲んでいても、1、2回会ったことがある人が、

「勝さん！　この間はどうも！」

「おう！　なんだお前、元気かい？」

「誰だい？　あの人は」

と、挨拶が終わると俺に尋ねてくる。いちいち覚えていられないんだね。

「輩でもなんでも自分を面白がってくれる。それでいい。見え見えのお世辞でも大好きだよ」

と、言っていたね。

いまの若い俳優は
すぐに豪邸をつくる
あんなもん
なにになるって
いうんだよ

新井敏記『SWITCH STORIES—彼らがいた場所』新潮社文庫 P366

Nowadays young actors all build themselves fancy houses, but what the hell do they do in them?

俺も住むところなんてどうでもいい性分。そういうところがオヤジと似ていて、可愛がってくれたのかもしれない。オヤジには、子どもみたいな純粋さがずっとあったから。

例えば高級車にしてもなんでも、大事にしようとかそういうことはなく、あくまで道具と捉えている節があった。金色のロールス・ロイスに乗っていたのだって、みんなを楽しませるためだったんだろうね。街中であんな金ピカの外車が走っていたら、誰が運転しているのか覗きたくなるよ。しかも覗いてみたら、勝新太郎が運転しているんだよ？

「さすが勝新！　すごい車に乗っているな」

と、思うよ。でもオヤジはそういうステータスみたいなものを馬鹿にしているんだから。ロールス・ロイスに俺を乗っけてメシを食いに行ったときも、思いっきり電柱に当てたことがあった。後ろのドアが開かないくらいへこんじゃったけど、まったく慌てない。

「オヤジ！　ぶつかったよ！」

いまの若い俳優はすぐに豪邸をつくる あんなもんなにになるっていうんだよ

「うん、そうかい。しようがないね」

これだもの（笑）。

オヤジは以前、京都に豪邸を持っていて、それを映画を撮るために抵当に入れちゃったことがある。しかも玉緒さんに内緒で。でも映画制作のためにパーになっちゃった。普通なら大問題だけど、オヤジはそういうことも楽しむことができるんだ。

最後に住んでいたのは初台にあるマンションの一室で、いまは貴重な資料とかがいろいろと収納されている。俺も何回か遊びに行ったことがあって、一緒にベランダに出たときに言っていたのは

「ここから見る東京タワーが大好きなんだよ」と。

俺がいま住んでいるところも東京タワーが見えるんだけど、「オヤジもこれを見ていたんだな……」と、感慨深くなるときがある。要は借景なわけだけど、自分のものじゃないのに遊べるんだよ。

ちょうど家に遊びに行っているとき、納豆とさんましかないけど、と言って、

お手伝いさんが昼メシを出してくれたことがあって、オヤジが卵のかき混ぜ方を教えてくれた。

「左まわしでかき混ぜてごらん。すぐに黄身と白身が混ざるんだ」

「またまた、本当かな？　あれ!?　本当だ」

「だろう。これはある料亭の有名な板前に聞いた」

多分、これも映画で使えると思っていたんだろうね。いろいろなところから情報を吸収しているし、話も面白いから一緒にいるといつも新鮮で楽しい。

本当に大事なのは、そういう感覚。家を建てたいとか、贅沢をしたいとか、そういうものを求めても、結局得るものなんてなにもないんだよ。

愛

天性の人たらしとして、ファンのみならず、役者やスタッフなど、関わる人すべてを魅了した勝新。来るものを拒まない、心から人を愛することの重要性、そして家族へ向けた大きな愛。圧倒的包容力を持った語録の数々を見る。

LOVE

こいつとずっと
一緒にいようと
思ったんだ

My heart's stuck on this girl.

玉緒さんと結婚して1年経ったとき言われていたのは、

「明日は結婚記念日だから飲まないで早く帰ってきてくださいね」

ということらしいんだ。でも当日、いくら待っても帰ってこなくて、結局、翌朝の5時くらいに帰ってきたらしいんだよ。

それはカンカンに怒るよね。それでオヤジはグデングデンに酔っぱらったふりをして、玄関で突っ伏して寝たふりをしたんだよ。玉緒さんは、

「なんでこんな人と結婚してしもうたんやろ……」

と、ブツブツ文句を言いながらも服を脱がしたり、寝床に連れていこうとしている。でもオヤジは起きていて一部始終を聞いていた。

その数日後、朝メシを一緒に食べているときに、ふと、こう言ったんだって。

「おい玉緒。この間ね、結婚記念日をすっぽかして朝方帰ってきたときがあったね。約束を破ったのは悪かったけど、いろいろと言っていたね。こんな人と結婚して失敗したとかなんとか……」

「あら！　寝ていたんじゃないんですか？」

こいつとずっと一緒にいようと思ったんだ

「全部聞いていたよ」

そうしたら玉緒さんが顔を真っ赤にして、

「どうしましょう……」

その瞬間に、「こいつとずっと一緒にいようと思ったんだ」って。

「人間というのはな、その場にいないやつのことを悪く言って、日々の糧にする生き物だ。絶対に寝ていると思い込んでいても、目の前で文句を言えるやつは心が正直だ。だから、こいつとずっと一緒にいようと思った」と。

息子の雄大もあまり遊んでもらった記憶がないと言っていた。だって誕生日も祝ってもらえなかったらしいから。

「雄大が誕生日だから早く帰ってきてくださいね」

玉緒さんが言ったのに、例のごとく帰ってこない。それでまた明け方近くに帰ってきたんだけど、玄関で玉緒さんが仁王立ちして、カンカンになって烈火のごとく怒っている。その顔を見て、

「ちょっと来い」

と、洗面所の鏡の前に連れて行かれた。

「玉緒、いまのその顔はいい顔だよ。そんな顔は、いままで見たことがない。その顔をよく覚えておけ」

その後も「その表情でカメラをまわしたら誰も敵わないよ」とか、映画の話を熱く始めちゃった。そんなことをされたら怒っていたのも忘れちゃうよね。玉緒さんも納得したらしい。

やっぱりオヤジには敵わない。

本当に四六時中、映画のことだけを考えていたんだろうね。『座頭市』は世界中にファンがいるけど、そういう情熱が宿っているから世界で認められているんだと思うよ。

あっ！お兄ちゃんだ！

Oh hey, it's my big brother!

『警視‐K』のスポンサーだったある社長からお願いされて、その息子をつき人として使っていたんだけど、犯人役で使うことになったんだ。

撮影当日、そいつが5分くらい遅れて、オヤジはものすごく怒ったんだよ。

そいつは真っ青な顔をしてガタガタ震えているんだ。

「いまはこんな状態だから出ていったほうがいい」

と、言って俺が帰した。そんなときにテレビで『徹子の部屋』をやっていて、ちょうど若山富三郎先生が出ていたんだよ。それに気がつくと、急に無邪気に
「あっ！　お兄ちゃんだ！」って。

あれだけイライラしていたのが、一瞬で終わっちゃった。

「オヤジ、あの行動はさすがにガキだよ」

と、あとで言ったら、ウケていたね。

「だって俺、お兄ちゃん大好きなんだもん」って。

あの兄弟はいくつになっても小さい頃のまま。すごく無垢なんだよ。

俺が
お前を
守るんだよ

Don't worry—I've got your back.

『警視-K』が打ち切りになるということで、スタッフみんなが集まって、古い旅館の2階を貸し切って打ち上げをやったんだよ。慰労会というか、残念会かな。俺はちょっと用事があって30分くらい遅れて行ったんだけど、川谷拓三さんとか出演者も勢ぞろいで。みんなガンガン飲んでいて、もうすでにできあがっているわけ。それで、俺は酒が強くないんだけど、みんなが飲ませるから、俺もすぐに酔っ払っちゃった。

「オヤジ！　打ち切りなんかで落ち込んでいる場合じゃないよ、次に進むんだ」

とか絡みだしたんだよ。拓三さんとか、みんな止めていたらしいけど。

「ここにいる連中はみんなオヤジのことが大好きで、俺は勝新太郎という船に乗った船員だから、どこにでもついて行く。そういう気持ち、わかっているの？」

「わかった、わかった」

「あ〜、信じていないんだね？」とか言いながら、俺はフォークを手にして、

「俺は絶対にずっとついていく！　これがその証だ！」

俺がお前を守るんだよ

って、自分の手をガンガン刺しはじめたらしいんだ。オヤジには、

「やめろ！　馬鹿野郎！」

　と、言われたけど。次の日に手がタラコみたいに赤く膨れ上がっていた。

それでオヤジのところに行ったら、

「お前は本当にダメだよ。一番最初になんて言った？　一緒に飲み歩き出したときにもな、俺がオヤジを守るとか言っていたけど、逆だろう。俺がお前を守るんだよ。お前の性格はいつもそうだ。とにかくまっすぐで森の石松的なところがある。なにをしても清水次郎長を守ろうとする。俺のためだったら突っ込んでいくだろう？　守っているのは俺だよ、馬鹿野郎。見せてみろ」

　って、タラコみたいに膨れ上がった手に包帯を巻いてくれたんだ……。

　俺はなんどかオヤジに殴られたことがあったけど、それはすべて間違った行動を起こしたときだった。あとで勝プロの関係者の人たちに聞いてみたら、誰ひとり殴られたことがないんだって。殴る、という行為自体がすごく珍しいことだったんだよ。

殴られたときは、「なんだよ」と思うけど、あとからよくよく考えてみると、それは俺のことをすごく可愛がってくれた証だったんだね。間違った方向に向かうのを正して、行くべき道はこっちだと照らしてくれたんだ。

オヤジには人生のすべてを教えてもらった気がするんだよ。だからオヤジといて、物事というものはもっと柔軟に見たほうがいいな、と思うことが増えたかもしれない。若い頃の俺は、なにも考えずにまっすぐにいっちゃうタイプだったから。オヤジと出会っていなかったら、もっと命も短かったかもしれないね。

息子に文句があるなら俺に言ってこい！

If you've got a problem with my son you can take it up with me!

オヤジのまわりには本当にいろいろな人が集まっていた。内田裕也さんもそのひとりなんだけど、なぜか俺のことをリスペクトしてくれている。それはオヤジが俺を可愛がってくれていたからなんだよ。

オヤジがホテルオークラでディナーショーをやったときに、楽屋に裕也さんがグデングデンに酔っぱらって入ってきた。俺も楽屋でオヤジを待っていたんだけど、裕也さんがガンガンとドアを叩いていた。

「おい、水口！　勝先生いるか！」

「オヤジはいま着替えていますから、こっちで待っていてください」

と伝えると、裕也さんは酔った勢いのデカい声で、俺に絡んできた。

「お前はなんでニューイヤーロック（フェスティバル）に参加しないんだ！」

「すみません。いまはオヤジと遊んでいるのが楽しいので、また誘ってください」

「あ？　誰に口聞いてんだ？」

「いや、オヤジのディナーショーが終わったばかりなので……」

息子に文句があるなら俺に言ってこい！

とにかくものすごくうるさいんだよ。そんなやりとりをしばらくしていたら、突然オヤジがドアを開けてバッと入ってきた。

「裕也、誰に口聞いているんだ？　息子じゃねえか、俺の。息子に文句があるなら俺に言ってこい！」

と、雷を落として、ドアをバタンと閉めて戻って行っちゃったんだよ。

残された俺たちのその場の空気といったらなかったね。俺は裕也さんでも誰でも先輩には筋を通すし、酔っぱらっている人だからいくらでも対応できたんだけど、オヤジが急に入ってきたから驚いちゃって。裕也さんも固まっちゃってさ。しばらく間があって、

「水口、悪かったな……ニューイヤーロックに出たいときは声をかけてくれ」

と、帰っていったんだよ。

そんなことがあってから、裕也さんはどこで会っても、すごく丁寧に接してくれる。以前、芸能界のドンと言われる人と裕也さんがホテルのロビーでお茶をしているところに出くわしたんだけど、「よぉ、水口！」と声をかけて

くれて、その人にも紹介してくれて、なんでもかんでも持ち上げてくれるんだよ。裕也さんもオヤジのことが大好きだったんだろうね。いまでもずっと大きな存在なんだよ。

ドラマの中の娘は どうしても 本物の娘でなきゃ ならなかった

田崎健太『偶然完全 勝新太郎伝』講談社 P267

I can only play a TV father opposite my real daughter.

『警視-K』では娘役に奥村眞粧美という実の娘を起用していたんだけど、俺は少しでも家庭への罪滅ぼしをしようとしていたんじゃないかなと感じていた。普段、家にはほとんど帰らないし、眞粧美やタケのことを愛してはいるんだけど、まともに誕生日も祝ってやっていない。雄大が俺とオヤジが遊んでいた頃の話を聞いて、驚かされることのほうがよっぽど多いと言っていたな。

だからあの作品で眞粧美と一緒にいる時間を過ごすことで、家庭の空気感、匂いみたいなものをちょっとでも味あわせようと思ったんだろう。離婚したという設定で、玉緒さんも元嫁の役で出演させていた。考えたらすごいよね。ほぼ現実なんだもの。

スタッフには、「絶対に先生はピピと一緒にさせたかったんだよ」って言われた。でも絶対に無理。強いもん、あいつ。眞粧美と一緒にいたら死んじゃうわ(笑)。

安い高いは
問題じゃないんだよ
きちんと真心が
入っているか
どうかなんだ

アンディ松本『勝新秘録　わが師、わがオヤジ勝新太郎』イースト・プレス　P82

Gifts are about the thought behind them, not the price.

『警視-K』の撮影中、オヤジの誕生日が近いということでなにか贈ろうと思った。でもなにを贈ったらいいのかわからなくて、スタッフにいろいろと聞いてみたんだ。

そうしたら「ジュディ・オングさんは去年、高い革のバッグを贈っていた」とかいろいろと教えてくれたんだけど、俺はそんな金は持っていなかった。

仲よくしていた大谷さんというオヤジのプライベートを撮ることも許されたカメラマンがいて、いい写真があるんだと見せてもらったことがあった。それが夕陽を浴びているオヤジの横顔の写真。

そのとき、なぜかその横顔を絵に描いてプレゼントしようと思ったんだ。絵の心得なんかまったくないし、ろくに描いたこともないのに。それから一週間くらい部屋にこもって、結構な大きさの油絵を描いたんだ。自分で言うのもなんだけど、オヤジにすごく似ていた。そして自分らしい贈り方をしようと思って、革でくるんだりした。それで誕生日の当日、

「俺はお金がないから、たいしたものはプレゼントできないけど……これ」

安い高いは問題じゃないんだよ
きちんと真心が入っているかどうかなんだ

と、絵を渡したんだ。

革の包みを取って、見たらすごく感動してくれて。

「お前ね、これはなによりもすごいよ。安い高いは問題じゃないんだよ。きちんと真心が入っているかどうかなんだ」と。

すぐにスタッフを全員部屋に呼んで、言ってくれたんだ。

「いいかい、この絵は俺が死んだら遺影の横に置いておくれよ」

オヤジが亡くなってから、ある雑誌で勝新太郎と過ごした時間にフォーカスを当てた特集記事を掲載したい、ということで、写真を撮りに勝プロに行ったんだよ。そうしたら遺影の横に俺が描いた絵がきちんと置いてあったんだ。

それを見たときは、なんだか感慨深いものがあったね。

柏原寛司

鴈龍太郎

水口晴幸

SPECIAL TALK SESSION

日本が生み出した稀有な天才、勝新太郎。彼との出会いによって、人生を決定づけられた男たち。元クールスの水口晴幸（本書著者）、実の息子である鴈龍太郎、脚本家の柏原寛司が集い、勝新太郎の魅力をあますところなく語る。

オヤジは特別あつかいが大嫌いだった

水口晴幸（以下、水口） 今日は対談場所に柏原さん所有の試写室を提供していただいてありがとうございます。それにしても、見たことのない『悪名』や『兵隊やくざ』、『宿無し』や『座頭市』など、当時のポスターがいっぱいありますね。

鴈龍太郎（以下、鴈） ホント、凄いよねぇ……！

柏原寛司（以下、柏原） 勝さんのポスターはまだたくさんあるんだよ。定期的に飾り変えたりしているんだ。やっぱりカッコいいよ。

水口　映画人から見た勝新太郎ってどういう存在だったんですか？　俺の場合は畑違いだったから最初からスッと飛び込んじゃって、それをオヤジは自然に受け入れてくれたから。ほかの役者さんたちや長年ついている勝プロのスタッフたちの接し方は、近づき難そうな感じだったので。

柏原　憧れだね。プログラムピクチャーを支えた大スターなのに、アーティストで、役者さんやスタッフの面倒見がよくて、慕われているわけでしょう。みんな勝さんと仕事をしたいと思うよ。そりゃ仕事をご一緒するときは緊張したけどさ。でも『警視-K』の脚本が書けるってときは燃えたよ。脚本を担当した回の監督は勝さんだったし。若かったからなにしろ勝さんから勉強させてもらおうと思ってつきまとっていたね。おかげでいろいろ勉強させてもらいました。映画をやっているヤツなら自分の会社を持って、映画をつくりたいと思っているはずだよ。自分も小さい会社つくって映画撮って、勝さんのまねをしている訳ですよ。規模は小さいけど、スタッフやキャストにオゴったりして。だからカミさんに「私は玉緒さんじゃありませんからね！」って怒られてるんだ（笑）。勝さんは映画人の憧れです。それで水口さんと鴈さんはいつから交流があるの？

水口　俺がタケ（鴈龍太郎の本名、奥村雄大の呼称）に初めて会ったのは15歳のときだものね。

鴈　本当は俺に『警視-K』の出演オファーがきていたんですよ。

水口　そうそう。眞粧美（勝新太郎の実の娘）の役は、本当はタケだったんだよ。でもいやだって断ったんだよな。

鴈　話がきた13歳のときはバスケに夢中で。撮影がスタートするのが、14～15歳くらいのときで、その頃はもうディスコ通いをしていたから。有名になるのはいやだから出ないと。それで姉貴が出ることになって。

水口　オヤジの頭の中では、息子がいる設定のほうがいいと思っていたんじゃないかな。息子との関わりをもっと深めたい、というか。

鴈　もともと役者になる気はなかったんです。でも自然と役者の道に入っていって。最初は舞台をやるときに、息子ということを誰にも言わないで、大部屋に入れられたんです。大部屋時代が4年くらい続いたんですよ。19歳のときに新歌舞伎座で、『座頭市』をやったんですけど、そのとき初めて勝新太郎の息子だということが知れて。みんなビビりまくっちゃって。急に「タケさん、タケさん」とか言い出して。「タケさんじゃねえ、このやろう、覚えておけよ」と。まあ、それは冗談ですけどね。オヤジは特別あつかいが大嫌いだったから。

水口　そうだよね。

雁　中学生くらいから喋るときは敬語でしたし。オヤジと呼んだことがなかったんです。『座頭市』に出演するときに、「すみません、明日撮影なんですけど、オヤジと呼ばせていただいてよろしいでしょうか?」と。「なんでオヤジなんだよ。俺は監督だぞ。お前は玉緒のことはなんて呼んでいるんだ?」「おふくろです」「俺はオヤジか……じゃあ、それでいいや」って（笑）。そういえばピピさんと柏原さんは、『警視-K』からのつき合いなんですか?

柏原　ここ数年で仲よくなって。

水口　俺、脚本を書いたのが柏原さんだって知らなかったですものね。
柏原　現場にはあまり顔を出していなくて。勝プロに閉じ込められていたので。
鴈　だってガンガン脚本変えますからね。
柏原　話の趣旨はあるんだけど、脚本通りの芝居だと段取りになっちゃうから、それをどんどん変えていくわけ。そのときの気持ちとか、俳優の気持ち、役の気持ちを優先して変えていく。だから想定していたシーンはあっても、芝居の内容は全然違う。でも面白いんだよ。
水口　不思議なものでね、脚本家は台本を苦労して書いているのに、オヤジには台本を見るなと怒られているわけだから（笑）。
柏原　ライターの気持ちからすると、脚本っていうのは現場へのラブレターなので。それを現場の人たち、監督や役者、スタッフが読んで、どう膨らませてくれるかが勝負。だから脚本通りにあがってくると面白くないわけ。俺が撮ればいいじゃんとなっちゃうから。そうじゃなくて、よく変わるのが面白い。勝さんのは変わり過ぎではあるけどね（笑）。

雁　『警視-K』はセリフが全然聴き取れなくて、テレビ向きじゃないんですよ。いまだったら音声や映像もよくなって、ちゃんと見られるんだけど、さすがにあの当時だとね。

柏原　最初に勝プロに行ったとき、勝さんがパンツ一丁でいて。役者を呼んで、テレビのニュースを見せて、「お前、これだこれ！」と叫んでいるんです。インタビューされている姿を見ていて。つまりリアクションは自然にやれ、ということなんだよね。よく聞こえるように喋っているやつなんていないだろうと。

水口　そうそう。

雁　内緒ごとを話しているのに、聞こえたらおかしいだろうとか。

水口　よく言っていたね。

雁　でも見ている人は聞きたい。

水口　特にテレビドラマは説明が必要なんだろうね。

柏原　テレビ局のプロデューサーで、「なにをやっているかわかるようにセリフで言ってください」と言う人もいるけど。でも『警視-K』はもっとリアルに、自然にやろうとした作品だから、いまでもカルト的な人気を誇っているんだと思う。

鴈　子どもの頃は京都に住んでいたから、たまに現場に見学に行っていて。オヤジの現場はひとつのシーンをカメラ3台で撮っていたから、それがずっと普通だと思っていたんです。でも、あるドラマに出たときに、「×印のところに行ったらセリフを言って」というのがわからなくて。その夜、ディレクターに呼ばれて「スイッチングで撮影しているんだ。だから指定したところに入ってもらわないと映らないんだよ」と。それで「オヤジはカメラを3台使っていた」と言ったら、ビックリしていた。普通の現場ではありえないことだったんですよ。『座頭市』でも、最初から最後まで台本はないんですよ。撮影が終わって、試写を見て、お疲れ様でしたと。そのときに台本をもらったんですよ。それを見ても違っていましたけどね。

柏原　（笑）。

雁　当時、『警視－K』は、なぜかテレビを通して、うちのオヤジと姉とおふくろの家庭を見ている、という感覚で（笑）。キャンピングカーで暮らしている設定だったけど、それを買ったときもすごくて。展示会場に行ったら、一番でかいキャンピングカーを気に入っちゃって。「これ売り物じゃないんです」とスタッフの人が近づいてきて、「勝さん！」と驚くわけですよ。「これ買うから。いくらだ？」「１２００万円です」「じゃあ、そうだな、１０００万にしてくれ。そうしたら他の車も６台くらい買おう」って。それで買ったのはいいんだけど、とにかく大きいから細い道を無理矢理通ったら、側面をガガガッと擦っちゃった。買った初日ですよ？　最悪でしたね（笑）。

水口　駐車場も2台分使っていたもんね。

雁　俺はアメリカンスクールに通っていたんだけど、親がなにをしている人かはあまり知られていなかったですね。外人が多かったし。カーニバルの日はブースが出たりするんですよ。おふくろが焼き鳥係をやったりして。目の前のアメリカンブースでは、プロレスラーのザ・デストロイヤーがホットドッグを売っていたり。めっちゃ面白かった。外交官の息子とか、ノースウエスト航空の社長の息子とかいて。ビンゴ大会の商品が世界一周旅行とか、すごかったですよ。ある日、「今日はタケの学校でダンスパーティーがあるから行ってやろう」と、オヤジが来たらしいんです。俺はもうディスコ通いをしていたので、そのパーティーには不参加だったんですけど。それで次の日、先生に、「タケ、お前のオヤジ最高だな！　すごくイイ女を6人も連れて来たんだぞ！」と、言われて。ダンスパーティーのために、銀座から選りすぐりのホステスさんを連れて来ていたらしいです（笑）。

水口　その頃、タケと眞粧美がどこのディスコで誰と一緒にいた、という情報が全部入ってきていて、それで怒られているのをよく見たな（笑）。オヤジにそういう情報を流しているやつがいて、そのたびに、「お前、あれだけ言ったのに！　またどこそこに行っていただろう！」って。

鴈　よく怒られていましたね。

勝さんの作品の撮り方は理想的

柏原 僕は勝さんのファンだった。なにしろ『悪名』や『兵隊やくざ』が大好きだったから。

水口 本当に面白かったよね。

柏原 勝さんが脚本を変える、というのはライター仲間では有名な話だった。でも変えるには変えるなりの理由があるから、すごく勉強になるんですよ。僕が勝さんに最初に言われたのが、「お前、絶対にリアクションは書くなよ」と。例えば脚本で、〝誰々が笑う〟とか、そういうのは書くなと。その瞬間、役者さんがどうリアクションをするかが大事で、それは役者さんのそのときの心だから。指定すると作るからダメだと。そういうのもいっさい書かせなかった。

鴈 ト書きはよく消していましたね。

柏原 そうでしょう? なにしろ現場にまかせる。脚本に対する考え方を変えられましたよね。僕も監督をやるんだけど、やっぱり勝さん方式がいい。毎日のように差し込みだらけだと、役もどんどん動いてくるから、想定をはるかに超えたリアクションになってくる。そうすると手綱を緩める。話がまったく違わないように、常識的にそこは締めないといけないけど、手綱を緩めたほうがリアルで面白い。画面のサイズに合わないなら、カメラが追えよ、というのが自然なわけ。

雁 「よ〜いスタートで撮影をはじめても、自分の好きなタイミングでセリフを言いなさい」と言われていましたね。

水口 だから金がかかるんだよね。フィルムをずっとまわし続けているから。

柏原 勝さんの作品の撮り方は理想的なんだよ。本当は、僕たちも勝さんの撮り方をやりたいわけ。シーンを台本の最初から順番に撮影して、台本を読ませない。キャラクターだけ教えて、今日はこういう動きだと伝える。台本を読んでいないから、先がわからないんだよ。読んじゃうと、例えば癌で最後に死ぬ役だったら、腹が痛くなるシーンで、そのうちに死ぬんだという芝居をしてしまう。そうさせないために、台本を読ませない。そうすると、なんで腹が痛いのかわからないから。それがリアルなんだよ。北野たけしさんの映画の撮り方は、勝さんのやり方だと思う。役者さんのリアクションを大事に撮っている。

水口　柏原さんが言ったとおり、キャラ設定というか、その人物像をすごく観察している。毎晩オヤジと飲み歩いていて、『警視-K』の第1話が始まるときに、「おい、ピピ。水口刑事はな、現場へ向かうとき、部屋を出る前に、必ず一度戻って鏡で顔をチェックしていくんだ」と。それは普段の俺の癖で、どこで見ていたんだろうとビックリしたことがある。それは絶対に飲み歩いているときに見ていたんだよ。

柏原　そういう人間観察がすごいよね。

勝新太郎が何人もほしい

鴈 僕がオヤジのつき人をしていたときのある日、クラブへ一緒に行ったら、「いいか、お前。入ったらデタラメの英語と中国語で話せ。日本語はカタコトでしかしゃべるな」と。「なんでですか?」「なんでですかって、そういう役で入っていくんだ。役ってお前、どこで勉強するんだよ? こういう場所でしかできないじゃないか。ホステスたちを騙せたらOKにしてやろう」。それで飲み始めたら、「勝さん、あの子誰なの?」「ヘイ! ユーマイハワイアンボーイ! ライト?」とオヤジが言ったら、「ミー? イヤー! ホントウ? リアリー!」とか答えて、2時間くらいその設定が続いた。途中で「ニーハオ! シェイシェイ」とかデタラメな中国語もしゃべり出して(笑)。オヤジがふってくるんですよ。それで店を出るときに、「ママ、こいつは俺の本当の息子だよ」って。「でしょう? 絶対に似ているもん」「似ているといったって、ハワイの息子だよ」とか、ずっととぼけている。でも、こっちは全然酔えないからつまらない。それから数件飲み屋をまわって、蕎麦屋に入ったりすると、こいつは息子なんだと、やっと普通に紹介してくれるんです。

水口　なんかＤＪをやっていたときもあったよな。

鴈　そうですね。つき人の前はＤＪの見習いでカウンターなんかもやっていて。当時、働いていたクラブにオヤジがきたことがあった。すごく丁重にＶＩＰルームへ通されたんだけど、座ったところに俺の彼女がいたんです。すぐに仲よくなっちゃって、その子の手を撫でながら、「いい子だな」って。それでオヤジと一緒に踊りに行っちゃったことがあったな。俺が作ったミックステープを聞かせたら、舞台『不知火検校』のＢＧＭに採用されたこともありましたね。それはドクター・ドレーやスヌープ・ドッグとか、もろギャングスタ・ラップを気に入って。オヤジがすごいのは、英語をわからないはずなんだけど、「この曲はな、皆殺しのシーンに使うんだ」と言うから、ふと歌詞を見てみると、その内容は本当に皆殺しの歌詞だったりする。とにかく感性がすごくて、ヴァイヴスでわかるんですよ。一番面白かったのが、喜多郎さんとお会いしたときに、「悪かったな、喜多郎。お前のシルクロードの曲を聴いて、あまりにもよかったから一本作品を作っちゃったんだ」って、喜多郎さんの曲を勝手に使っていたんです。でも喜多郎さんも「いやいや、光栄です」と文句を言わない（笑）。とにかくオヤジは音に対する感覚が鋭かった。

水口　音だけじゃなくて、いろいろな面で感性がすごかったよね。オヤジは俺に「勝新太郎が何人もほしい」と言ったことがあった。主演、監督、脚本、ライティングなど全部を自分でやりたかったんだろうね。西麻布のスタジオで俺が練習していると、たまにオヤジが遊びに来るんだけど、ジュースとか配ってくれて、最後まで見ているからみんな慌てちゃう（笑）。それで、「お前はいいな、俺はお前になれない。でもお前も俺になれないだろう、だから仲よくできるんだよ」と言っていたね。

初めて僕のために流した涙を見たんです

鴈　晩年は家でもどこでも毎日、映画の話をしていましたね。亡くなった十八代目中村勘三郎さんとよくいて、歌舞伎の話をしたり、勘三郎さんの声色をまねしたり、めちゃくちゃ仲良かったんです。ウマがすごく合ったんですね。たまに俺も一緒について行ったことがあったけど、芝居の話ばかりでしたよ。間の取り方とか。それはもう、本当に貴重な話でしたね。

柏原　勝さんは話も抜群に面白かった。僕も勝さんとの打ち合わせのあとは、よく飲み食いに連れていってもらっていましたね。サービス精神が旺盛で、人を喜ばせようとしてくれる。すっぽん料理とか食べさせてくれましたよ。

鴈　その頃の有名な役者さんはみんなお金持ちだったんですか？　三船プロとか、みんな事務所を持っていたじゃないですか。

柏原　やっぱりスタープロはみんなしっかりしていましたよ。石原プロは、〝コマサ〟の愛称で呼ばれた小林正彦さんという専務がすごくて。焼き肉屋に連れて行ってもらっても、一番いいカルビ、一番いいタンとか、なんでも一番をつける。しかも、たくさん食わないと帰してくれない。

鴈 当時のスターは本当にすごかったんですね。

柏原 あたり前なんだけど、石原プロはやっぱり裕次郎さんは出てこないわけで。小林さんが出てきたり、プロデューサーが出てきたりする。でも、勝プロは勝さん本人が出てくる。

水口 全部自分でやるんだよね。運転も好きだし。

鴈 そういえばある日、突然「ステーキハウスをやる!」と言い出したから、みんなで反対したんですよ。でもオープンしちゃって、きたお客さんみんなに「今日はごちそうする」って。商売する気がないんですよ。銀座でクラブもやったけど、そこでも「今日は(支払い)いいから」と。子ども心にはわからなかったですけど、あとから考えるとすごいなと。どれも一年もたなかったですから(笑)。

水口 人をもてなすのは好きだったけど、オヤジ自身は食べ物に執着なかったからね。特に作品作りに集中しているときはなんでもいいんだよね。

鴈　温かい味噌汁くらいでしたからね。それだけは絶対でしたけど。

柏原　勝さんの場合は、常に映画のことを考えている人だったから、アイデアがすごいんだよ。その膨大なアイデアを、受けるこっち側が大変だった。次々と出てきて追いつかないから、スタッフがテープレコーダーを持ってきて録音していたからね。速射砲みたいにいろいろなことを言うから、その場ではよくわからない。それを整理するのが僕ら脚本家の仕事だった。俳優だったらそこまで面倒なことをしない。撮影が終わればいいわけだから。勝さんはそうじゃなくて、そういう次元を越えちゃうから。だから勝さんの作品に向かう姿勢はすごく勉強になりましたね。

鴈　『警視－K』って、どのくらいやっていたんでしたっけ？

水口　全13話だったね。

鴈　ほとんどセリフは1回で？

水口　うん。オヤジが絶妙のタイミングでふってくるから。柏原さんが言ったように、現場でパッとアイデアが出てくる。ある撮影のときに、スタッフがサンバイザーをかぶっていて。そのツバの部分がミラーになっていて、「おい、これをかぶれ」と。そのミラー部分に写り込むものを撮りたいんだな。その場でパッと決めるんだけど、オヤジの頭の中だけにあることだから、誰も見えないんだよ。できあがったものを見て初めてわかる。

雁 そういえばオヤジのアイデアを録音していたものがたくさん残っていて、オヤジが亡くなって1~2年はいろいろ聞いていていましたね。内容を聞きたいというよりは、ただオヤジの声が聞きたかっただけなんですけどね。オヤジは下咽頭癌で亡くなりましたけど、亡くなる前年の12月に病院から一時帰宅して、一緒にお正月を迎えたんですけど、そのときはもう声が出ませんでしたから。食事をしたら自分の部屋で、借りてきたビデオを見たり、マッサージをしてもらいながら寝るんです。ある日ベッドにオヤジを座らせて、デッキにビデオをセットし、いつもどおりにやっていたら、俺の肩にポンと手を乗せたんです。パッと振り向いたら、頬に涙がひとすじ流れていて。それは、面倒をかけてしまって申し訳ないとか、父親としてなにもしてやれなかったとか、いろいろな気持ちが溢れ出たんだと思う。僕のために流した涙を初めて見たんです。でも逆に俺のほうが、もう……なにも言えなくなっちゃって……。すみません……という気持ちしかなかった。役者として結果を見せていなかったし……。そう思ったら、涙が止まらなくなっちゃって。オヤジがしばらく抱いてくれて、俺はずっと泣いていました。お葬式でも絶対に泣かないと思っていたけど、ボロ泣きしてしまいましたね。勝新太郎という役者を亡くしたのと、奥村利夫という男を亡くしたのと、大先輩・師匠を同時に亡くしたような不思議な気持ちになって。なにかあったとき、これから誰に相談をすればいいんだろうって。オヤジは俺をどこかの事務所に預けることをしなかったんですよ。デビューしたときオファーがいくつかあったんですけど、「こいつは俺のところで育てる」と、俺の将来をよく考えてくれていた。だからあのときの涙はきつかったですね……。

息子に贈る「ごめんね坊や」

鴈　ピピさんってキャロルのメンバーでしたっけ?

水口　舘（ひろし）が怒るぞ（笑）。

鴈　（笑）。俺はクールス大好きだったから。岩城滉一さんも知っているし、やっぱりかっこいいなと思っていました。

水口　タケは変わっていないかもな、15歳のときから。

鴈　ピピさんも変わっていないですよ。

水口　オヤジが、「今日はタケに説教しなければならない」と、初台の家に行ったときに、緊張してかしこまっていたタケを覚えている。殴らなかったけど、「馬鹿野郎!」と机を叩いていたね。だいぶ怒っていたな。

鴈　あのときはクラブのもめごとに関わることになっちゃって、2週間出禁になっちゃったんです。でも裏口からこっそり入っていて、それをオヤジが聞いて、「図に乗るなよ」と絞られました。

SPECIAL TALK SESSION
水口晴幸×雁龍太郎×柏原寛司

水口　オヤジは、一般のみなさんのほうが偉いんだ、と常に言っていたからね。調子に乗って勘違いをしていると、勝プロの連中でも怒られていたよ。いつだったか、オヤジが「雄大も今日はつき合え。俺はあとから行くから」と、六本木の「レキシントン・クィーン」へ遊びに行ったときに、面白い事件があったよな。

雁　あれ、最高でしたよね。

水口　ある有名な俳優が、VIPルームでモデルや外人の女をはべらせていたんだよ。

雁　ピピさんが「誰か先客がいるぜ」と言うから、スタッフに「オヤジがくるの知っているの？　どいてもらえないかな？」と頼んだけど、言ってもどかなかった。でも「おもしろそうだから見ていよう」ということにしたんです。そうしたらオヤジが来て、VIPルームに入っていったら、そいつは顔も見ずに、「誰だ、お前!?」とくるけど、顔を見たら、勝新太郎なんですよ。「あっ!!　勝さん！」と、急に態度がコロッと変わって、「馬鹿野郎！　ここは勝さんの席だろう！」とか、まわりに言いながらすっ飛んで逃げちゃった（笑）。

水口　あれはまるで映画を撮っているみたいだったよな。かといってオヤジは、怒る理由なんてないから別にいいよと、まったく気にしない。

鴈　オヤジはくるもの拒まずだから。

水口　でもオヤジはタケのことをすごく考えていたんだと思うよ。オヤジが書きかけていた『悪名』の続編があるんだ。実は朝吉親分には息子がいて、アメリカに行っている、という設定で。それは子どもの頃に父親らしいことができなくて悪かった、という想いがあったのかもしれないね。オヤジの曲に「ごめんね坊や」というのがあるんだけど、その歌を通してタケにメッセージを送っていたと思うんだよ。

鴈　あれは聞いたときにすごいなと思って。こんな歌を唄ってくれていたんだなと。

水口　まともには言えなかったんだろうな。それがさっきの話の涙につながるんだろうけどね。

勝プロダクションの作品には恥じるものが一本もない

水口　以前、『警視‐K』の一挙上映会があって、トークショーに出演したんだけど、やっぱり映画サイズで見ると面白いんだよな。

柏原　『警視‐K』はフィルムで撮っているので、スクリーンで見ると、やっぱり映画だなと思いますよ。セリフもテレビより各段によく聴こえる。勝さんも映画のつもりで作っているからね。

鴈　『座頭市物語』も毎回、ゲストが信じられないくらい豪華なので、いま見てもジーンとくるんですよね。

柏原　『痛快！　河内山宗俊』のファンもライター仲間では多い。あれも傑作だな。

雁 オヤジは、「勝プロダクションと書いてある作品に恥じるものは一本もない」と言っていた。

柏原 僕は時代劇が好きだったから、勝プロの時代劇を書きたかったなぁ。『夫婦旅日記 さらば浪人』もよくて、松田優作さんがゲストの回もあったよね。

雁 優作さんはオヤジと一度も共演していなかったけど、いつも菓子を持ってきたりして、オヤジを師匠と呼んでいましたよ。

柏原 優作さんもよく脚本を変えていたし、共感するところがあったんだね。

水口 そういえば広尾に住んでいたときに、オヤジが通っていた割烹屋があって、その近くに優作さんが住んでいたんだよ。オヤジが「優作呼ぼうか」とよく言っていた。オヤジの誕生日パーティーにも内田裕也さんと来てくれたことがあったな。

雁 裕也さんは最初、「俺はロックの内田裕也だ。なにが勝新太郎だ」という気持ちがあったんだと思う。それで、桑名正博さんとジョー山中さんと安岡力也さんたちも出演する裕也さんのライヴがあって、それをオヤジが見に行ったらしいんです。帰宅後、夜中にピンポーンと鳴ったからドアを開けたら、酔っぱらった裕也さんがいきなり、「勝さん！　相撲をとってください！」と突っ込んできた。それでオヤジが投げ飛ばしたんですって。そうしたら「さすが役者の勝新太郎！　負けました……」って。なんかよくわからないけど（笑）。そこから交流が始まったらしいです。ジョー山中さんだけは、あまりにも歌がうまいから、ディナーショーにゲストで呼んでいて。「俺と全然違う声だから、あいつは大丈夫だ」と。いつも感動していましたよ。

水口　裕也さんは裕也さんで、オヤジのことが大好きなんだよね。

澗　『座頭市』のときに、「タケ、ちょっとひとつだけ言ってくれないか。このハゲ頭のカツラあるだろう？　これだけはいやなんだ。やっぱりロックはハゲてちゃダメだろう？」って、モジャモジャの髪にしてもらっていましたね（笑）。

ブレない勝新太郎はROCKだ

雁 勝新太郎は、基本的に僕の中ではやっぱり父親なんですよ。まわりの人がいるから、TPOで呼び方や存在を変えている。でも男の中の男ですね。相手が誰であろうが怖れない。

水口 タケは、「これが一般的な父親像だ」というのを知らずにきたんだろうな。だからオヤジのそのままの姿が父親像なんだよ。生まれたときからああいう人なんだもの。

雁 そうそう。いつもシャンとさせてくれる存在だったから。

水口 よく考えてみるとね、『警視-K』は俺が27歳で、オヤジが48歳のときの作品だよ。なのにすでにあの風格だったなんて。俺は今年で65歳になるんだけど、なにをやっているんだろうといつも思うよ。あの風格は出ないよ。時代もあるんだろうな、裕次郎さんにしても。

雁 すごい風格なのに気さくで、サインを断ったことがなかったですからね。

水口　そうだよな。お手元の袋にも丁寧に書いていたし。

雁　ある店で食事をしていたとき、一般の家族の男の子がサインをもらいに、僕ら家族のところにきたんですよ。でもスタッフが止めたんです。そうしたらオヤジとおふくろのほうからその家族の部屋に行って、一緒に写真を撮ったりしていた。それで姉が、「パパは絶対にサインを断らないよね」と言ったら、「それはそうだろう。家族みんなでおいしい夜ごはんを食べて、最後に俺と玉緒に会う。でもサインを求めて断られたら、その家族にとって最低の日になってしまうじゃないか。あの人たちがいるから、俺たちは食べてこられたんだぞ」と。本当に優しい人だった。でも気をつかっているというよりも、好きでやっていたんだと思う。

柏原　なにより人を楽しませるのが好きだったんだね。

水口　いま、この場にオヤジがいたら、一緒にメシを食おうと、ここにいるスタッフ全員をもてなしてくれるよ。

雁　例えば、すき焼きを食べに行っても、最後はみんなにすき焼き丼を作ってくれる。なにかやってあげたいんですよね、好きな人には。

水口　性別を超えて人間としての魅力が圧倒的なんだよ。この本の中にも書いたけど、「どういう生き方をしているか、すべて出ちゃうもんだよ」とオヤジが言っていたように、オヤジの作品はどれも弱者の味方を描いたものが多い。偉ぶる人間が嫌いで、そういう場面に出くわすと黙っていられないんだよ。あるとき、銀座のクラブで知り合いの人とばったり会って、「勝さん、自分の行きつけの店が近くにあるんで、どうですか？」「ん、そうかい、じゃあ行くか」というので移動した。席に着いてテーブルに運ばれてくるウイスキーやシャンパン。少し遅れて黒服のスタッフがフルーツの盛り合わせを運んできたときに、そいつに足をわざと出して引っ掛けて、転んでしまったんだ。それを笑いながら、「大丈夫か？」という知り合いにオヤジがキレた。「おい！　お前さん！　この店じゃ、なにをやっても許されるっていうのを俺に見せたいために連れてきたのか？　いい加減にしろ！　ピピ、帰るぞ！」と。そういうオヤジの演じる『座頭市』が、キューバで人気があるのも頷ける。弱者として大国アメリカに牙を剥いていたわけだし、キューバ国民の心情と重なるのは当然なんだよ。故カストロ議長も国民も『座頭市』が大好きで、「イチ、イチ！」と人気があるんだからね。

柏原さん、タケ、今日はありがとう。

ブレないオヤジは本当にカッコいいよ。ROCKだよ！

水口晴幸
ミュージシャン・俳優。1974年、舘ひろしや岩城滉一などと共に原宿でバイクチーム「クールス」を結成。ニックネームはPITPI（ピピ）。脱退後、ソロ活動をスタート。勝新太郎に見出され、『警視-K』で水口晴之役を熱演。勝のことを"オヤジ"と呼べる数少ない存在であり、現在は様々なバンドを率いてライヴを中心に活躍中。

鴈龍太郎
俳優。勝新太郎、中村玉緒の長男として生まれる。クラブDJなどを経て、役者として舞台『新・座頭市物語』（1984年）でデビューし、親子共演を果たす。舞台『不知火検校』ではDJ時代のセンスを活かしてBGMも担当。主な映画は『座頭市』（1989年）。現在は舞台を中心に活躍している。

柏原寛司
脚本家・映画監督。一般社団法人シナリオ作家協会会長、日本シナリオ作家協会副理事長。代表作は『傷だらけの天使』、『大追跡』、『探偵物語』、『あぶない刑事』、アニメ『ルパン三世』、『名探偵コナン』など多数。『警視-K』では第2話「コルトガバメントM1911」、第5話「まぼろしのニューヨーク」の脚本を手掛けた。

Staff
カメラマン　ホンマタカシ（カバー・P.1-2）
四十物義輝（P.144-145・P.175）
装丁　秋山具義
中村友理子
DTPデザイン　大森由美
編集協力　中沢純
編集　遠山展行
写真協力　株式会社ティーエムプロダクション
取材協力　オフィスリップル・柏原寛司
担当編集　喜多布由子

LEGENDARY GODFATHER
伝説のゴッドファーザー
勝新太郎語録

2017年10月28日　初版第1刷発行

著者　水口晴幸
発行人　佐野 裕
発　行　トランスワールドジャパン株式会社
〒150-0001
東京都渋谷区神宮前6-34-15 モンターナビル
Tel.03-5778-8599／Fax.03-5778-8743
印刷・製本　中央精版印刷株式会社
Printed in Japan

ISBN 978-4-86256-215-9